歳出からみる自治体の姿

自治体財政・支出の仕組みと課題

町田　俊彦（専修大学教授）著

イマジン出版

目　次

I　地方自治体の予算と財政民主主義

1　財政民主主義が問われる予算 ……………………… 7

1　財政民主主義
2　日本における予算の限定
3　予算書と予算説明書

2　予算原則における「単一予算主義」と会計区分 … 9

1　「単一予算主義」
2　「単一予算主義」に反する地方自治体の多様な予算
3　総務省基準による地方財政統計上の会計区分

3　「会計年度独立の原則」と後年度負担 …………… 12

1　「会計年度独立の原則」
2　例外規定：繰越明許費と継続費
3　例外規定：債務負担行為
4　後年度負担

4　「財政健全化法」と予算 …………………………… 14

1　「財政健全化法」
2　予算の多様化と健全化判断比率
3　後年度負担と健全化判断比率

5 会計の多様化、後年度負担に着目した財政分析…19

1 健全化判断基準の基礎指標への着目
2 「財政状況等一覧表」による財政分析

II 自治体の予算と政策要求

1 予算書から歳出の重点・変化を読む……………26

1 予算規模
2 歳出の科目（款）別内訳
3 民生費の動向

2 政策と予算を関連づける…………………………33

1 予算とのリンクが乏しい自治体の計画・行政評価等
2 政策とリンクした予算情報を

III 普通会計の歳出

1 目的別歳出……………………………………………38

1 目的別歳出の構成
2 歳出規模の抑制と民生費に傾斜してきた目的別歳出構成の変化

2 性質別歳出……………………………………………41

1 性質別歳出の構成
2 投資的経費から義務的経費と「その他の経費」への構成変化

3　人件費
　　4　普通建設事業費
　　5　財政硬直化の歳入要因と歳出要因
　　6　東日本大震災に係る復旧・復興事業等と2011年度決算（速報）

Ⅳ　自治体の福祉関係費

1　民生費の動向 …………………………… 72

　　1　目的別・性質別構成
　　2　社会保障の単独事業費
　　3　自治体の独自施策

Ⅴ　自治体の福祉関係費の新たな政策領域

　　1　「子ども・子育て新システム」 ……………… 82
　　2　都市自治体の就労支援策 ………………………… 88

Ⅵ　「内需創造型経済」への転換と自治体の役割

1　「第二の道」（企業利益最優先）への回帰 ………… 94

2　「第一の道」への回帰 ……………………… 96

3　デフレ脱却と生活充実をもたらす「第三の道」… 100

4　自治体の役割と更なる分権改革・税源移譲 …… 102

索引 …………………………………… *106*
著者紹介 ……………………………… *109*

Ⅰ 地方自治体の予算と財政民主主義

1 財政民主主義が問われる予算

1 財政民主主義

　一般に、一定期間における収入および支出の見積りを「予算」という。予算という用語は、民間企業、民間非営利団体などでも使われるが、国と地方自治体で使う場合には、議会の承諾を必要とする場合に使われる。議会を通じて行政府の活動をコントロールする議会制民主主義の重要な構成要素が、行政活動の物質基礎である財政を通じてコントロールする財政民主主義である。
　財政民主主義は次の4原則から成る。
　①　租税の賦課は議会の承諾を得なければならない。
　②　歳入・歳出は予算に計上し、議会の承諾を得なければならない。
　③　決算は議会の承諾を得なければならない。
　④　二院制をとる場合には下院が優先される。
　日本では、地方税に関しては立法権をほとんど国が独占し、地方税法で決められるので、地方財政に関して第1の原則が適用される余地は乏しい。地方議会は一院制をとっているので、第4原則は適用されない。地方財政で重要なのは第2原則と第

3原則となるが、特に予算の議会による承諾は地方自治体において財政民主主義を貫く上で重要な地位にある。そこで地方自治法では、予算は議会の関与を受けるとともに、住民に対する公表が義務付けられている。

2　日本における予算の限定

　本来、予算には行政府の財政活動の全てが計上されるべきであるが、官僚主導型の財政運営が支配的である日本では予算の範囲を限定し、議会の審議の対象となるものを「予算」と呼ぶという逆転した制度になっている。国の場合には、公団・事業団、特殊法人改革後の独立行政法人の予算は、主務大臣の監督を受けるものの、国会審議の対象とはならないので、財政制度上は「予算」には含まれてこなかった。

　自治体においても、地方道路公社など地方三公社は地方自治体が100％出資して重要な行政活動を行っているが、その収支および支出の見積もりは地方議会の議決を必要としないので、地方財政上の「予算」には含まれない。

3　予算書と予算説明書

　自治体の予算編成は、おおむね　①編成方針の決定、②予算要求書の提出、③査定、④組立てという過程を通る（以下、自治体予算の制度についての説明は、地方財務研究会編『六訂　地方財政小辞典』ぎょうせい、2011年；都財政問題研究会編『第八版　都財政用語辞典』都政新報社、2007年を参照した）。予算の組立ては、査定の終了後、財政担当部局が査定の趣旨に基づき計数整理を行い、歳入歳出予算の性質、目的等により議案形式の予算を組み立てる。予算書の様式は総務省令で定めら

れており、予算書本文以外に、①歳入出歳予算、②継続費、③繰越明許費、④債務負担行為、⑤地方債、⑥一時借入金、⑦歳出予算の各項の経費流用、の7項目から構成される。

　自治体の長が予算を議会に提出する場合は、あわせて予算に関する説明書を提出しなければならない。予算説明書の様式は総務省令で定められおり、①歳入歳出予算事項別明細書、②給与費説明書、③継続費に関する調書、④債務負担行為に関する調書、⑤地方債に関する調書から構成される。

　歳入歳出予算は予算の中心をなす。地方自治法上の予算は7項目から構成されるが、歳入歳出予算以外は例外措置の性格が強いため、慣用的には歳入歳出予算を「予算」と呼ぶことが多い。歳入歳出予算は、一会計年度内の収入・支出の見積もりにとどまらない役割を果たしている。歳入予算のうち地方税などはその計上額を超えて収入することが可能であるが、歳出予算はその限度額を超えて支出することは認められず、行政機関の活動を予算を通じて拘束する役割を果たす。最も狭い意味で予算という場合、歳出予算を指す。

2　予算原則における「単一予算主義」と会計区分

1　「単一予算主義」

　予算は議会や国民からみて民主的で明瞭であることが要請される。この要請を満たすための原則は「予算原則」と呼ばれ、予算はこの原則に従って編成され、執行されねばならない。

　主要国の予算制度を比較すると、日本の特徴は国と地方自治体の双方で、予算が多数にのぼり、「単一予算主義」の原則が大幅に侵害されていることである。会計間で錯綜した資金の出入があり、予算が複雑化して、その全体像を把握することが困

難になっている。その要因はいろいろあるが、行政府主導型の財政運営に主眼を置いた予算制度が主である。予算が複雑で明瞭性に欠けると、立法府や国民が予算の全体像を把握して、自らの意思を反映させる民主的財政運営が妨げられる。

2　「単一予算主義」に反する地方自治体の多様な予算

　地方自治法は、普通地方公共団体の会計について、一般会計と特別会計の2種類を規定している。ここでの特別会計は広義の特別会計である。広義の特別会計は、通常「特別会計」と呼ばれるもののほか、「公営企業会計」から成る。

　地方公営企業には、官庁会計方式（現金主義）で経理するものと、企業会計方式（減価償却費や未収金などを計上する発生主義）で経理するものがある。水道事業、交通事業、簡易水道事業、病院事業、港湾整備事業など8事業は企業会計方式による特別会計の設置を義務付けている。公共下水道事業などその他の事業についても、地方自治体は条例により企業会計方式による経理を選択できる。

　地方公営企業のうち企業会計方式を適用するものについては、「公営企業会計」、官庁会計が適用される地方公営企業は国民健康保険、老人保健などともに狭義の「特別会計」と区分されているのが通例である。通常「特別会計」と呼ぶ場合には、狭義の特別会計を指す。地方自治体の会計は一般会計、（狭義の）特別会計、公営企業会計から構成され、特別会計と公営企業会計は複数設置されているので、予算はきわめて複雑になっている。

3 総務省基準による地方財政統計上の会計区分

　個々の自治体ごとに各会計の範囲が異なっているため、地方財政計画策定のための地方財政全体の把握や各自治体の財政の比較が困難である。そこで総務省は、地方財政統計上の区分を設定している。

　中心に位置するのは普通会計である。一般会計に、特別会計のうち①地方財政法施行令37条に係る公営企業会計、②収益事業会計、農業共済事業等の事業会計、③上記①及び②以外の事業で地方公営企業法の全部又は一部を適用している事業に係る会計、に含まれない特別会計を合算した会計区分をいう。

　普通会計以外は公営事業会計に区分され、次の会計から成る。
・公営企業会計
・国民健康保険事業会計……保険勘定と公立診療所を経理する
　　直診勘定から成る。直診勘定では病床数20床以上病院で
　　公営企業会計において取り扱われるものを除く
・老人医療保健事業会計
・介護保険事業会計
・収益事業会計…競馬、競輪、競艇及び宝くじの各事業に係る
　　収益事業会計
・公益質屋事業会計
・農業共済事業会計
・交通災害共済事業会計
・公立大学附属病院事業会計

3 「会計年度独立の原則」と後年度負担

1 「会計年度独立の原則」

　予算原則の一つに「会計年度独立の原則」がある。それぞれの会計年度において支出する経費の財源はその年度の収入をもって充てるべきである。また、当該年度に支出すべき経費は他の年度において支出すべきではない。この原則は、ある年度の議会が承認する予算が、選挙によって構成員が変わる可能性のある後年度の財政運営に影響を及ぼすことは、議会を通じる行政府の財政活動のコントロールという財政民主主義の趣旨からみて、避けるべきであるという考え方から設定された原則である。

2 例外規定：繰越明許費と継続費

　現実には、行政府が弾力的に財政運営をできるように「会計年度独立の原則」の例外規定として、当該年度の歳出予算の一部を翌年度以降に執行する予算の繰越が認められている。地方自治法では、①継続費の逓次繰越、②繰越明許費の繰越、③事故繰越が認められている。
　継続費は2会計年度の以上にわたり事業を施行する必要がある場合、その経費の総額及び年割額をあらかじめ一括して予算に定め、数年度にわたって支出する制度である。予算はその年度内に執行し、完結する「単年度主義の原則」の例外であり、繰越を伴うので「会計年度独立の原則」の例外でもある。継続費の年割額は、当該年度の歳入歳出予算に計上されて執行されるが、その年度に支出が終わらなかった額については「不用

額」とはせず、事業期間が終わるまで逓次に繰り越して使用することができる。これが①の逓次繰越である。

　歳出予算の経費のうち、その性質上または歳入歳出予算成立後の事由に基づき、年度内に支出が終わらない見込みのものは、予算の定めることにより翌年度に繰り越して使用することができる。これが②の繰越明許費の繰越である。明許繰越では、年度内に契約その他の支出負担行為が終わっている必要はない。③の事故繰越は、あらかじめ予想しえなかったやむを得ない事由により年度内にその経費の支出ができなかった場合の繰越であり、支出負担行為が年度内に終わっていることが要件であり、予算の定めなしに繰り越す点で明許繰越とは違いがある。

3　例外規定：債務負担行為

　債務負担行為は、自治体の長が翌年度以降行うことができる債務負担の限度額を期間を限ってあらかじめ決定しておく制度である。継続費の総額または繰越明許費の金額におけるものは除かれる。

　契約などの支出負担行為は当該年度に行う必要がある。当該年度に複数年度にまたがる工事契約を結び、継続費のように分割契約が困難な場合、初年度予算には初年度分を計上する。後年度分については、初年度予算に債務負担行為として定め、後年度の各年度に予算化する。

　債務負担行為は、①工事請負契約及び物件購入の契約等に係るものと②損失補償及び保証契約等に係るものに大別される。重要なのは「債務保証」の債務負担行為としての予算への計上である。地方自治体は、法律上、原則として会社その他の法人の債務については債務保証ができないこととされているが、総務大臣の指定する会社その他の法人の債務については、例外的

に債務保証を行うことが認められている。債務保証については制限があるため、前提となる債務を必要とせず、損失が生じた場合これを穴埋めする「損失補償」契約によって債務保証を実質的に行っている自治体もある。

4　後年度負担

　継続費の年割額は、当該年度の予算に新規計上しなければならない。債務負担行為に基づいて行った支出負担行為についての経費を支出する場合は、必ず歳入歳出予算に新規計上しなければならない。債務負担行為に基づく歳入歳出予算に基づく歳入歳出予算について、議会は減額したり削除することができない。

　継続費と債務負担行為は、後年度の新規の予算計上を伴う。予算の「会計年度独立の原則」への例外措置であり、利用は最小限度にとどめられるべきである。債務負担行為のうち上記①については、必ず後年度負担が発生する、一方、②は本来の債務者がその債務を履行できなくなった場合のみ後年度負担が発生するので、安易に利用される危険性がある。

4　「財政健全化法」と予算

1　「財政健全化法」

　2007年6月、地方財政再建促進特別措置法（旧再建法）に代わる新たな自治体の破綻法制として、「財政健全化法」（「地方公共団体の財政の健全化に関する法律」）が成立し、2009年4月に施行された。「財政健全化法」の目的は、財政を早期の段階で健全化させることである。旧再建法では、再建団体の基

準しかなかったが、財政健全化法では財政の再生段階に至る前に早期健全化段階を設定した。

目的を達成するために、財政の健全性を評価するための指標（健全化判断比率）を整備するとともに、その公表を義務付けた（以下、主に兼村高文『図解　自治体財政　はやわかり』学陽書房、2009年、102～119頁による）。

健全化判断比率は、①実質赤字比率、②連結実質赤字比率、③実質公債費比率、④将来負担比率から成る。健全化判断比率について、早期健全化基準（①～④について）、財政再生基準（①～③について）が設定されている。4つの早期健全化基準のうち一つでも基準を超えると、早期健全化団体としてイエローカードが出され、早期に自主的な財政健全化に取り組むことが求められる。3つの財政再生基準のうち一つでも基準を超えると、財政再生団体としてレッドカードが出され、国による統制と支援を受けながら、確実な財政再生が求められる。

2　予算の多様化と健全化判断比率

旧再建法では、破綻の基準は普通会計のみを対象とし、指標も実質収支の赤字比率（実質収支の赤字額の標準財政規模に対する比率）のみで、再建団体へのレッドカードは都道府県では5％、市町村では20％を超えると出されてきた。破綻法制見直しの一つの契機となった北海道夕張市の財政破綻にみられるように、破綻の重要な原因は第三セクターなど普通会計の外側にあるケースが多い。

そこで、財政健全化法では、健全化判断比率の対象とする会計を一般会計等（以下、一般会計等に公営事業会計以外の特別会計を加えたもの、決算統計の普通会計とほぼ同じ）に限定せずに、公営企業など公営事業会計、一部事務組合・広域連合、

図1 健全化判断比率等の対象となる会計

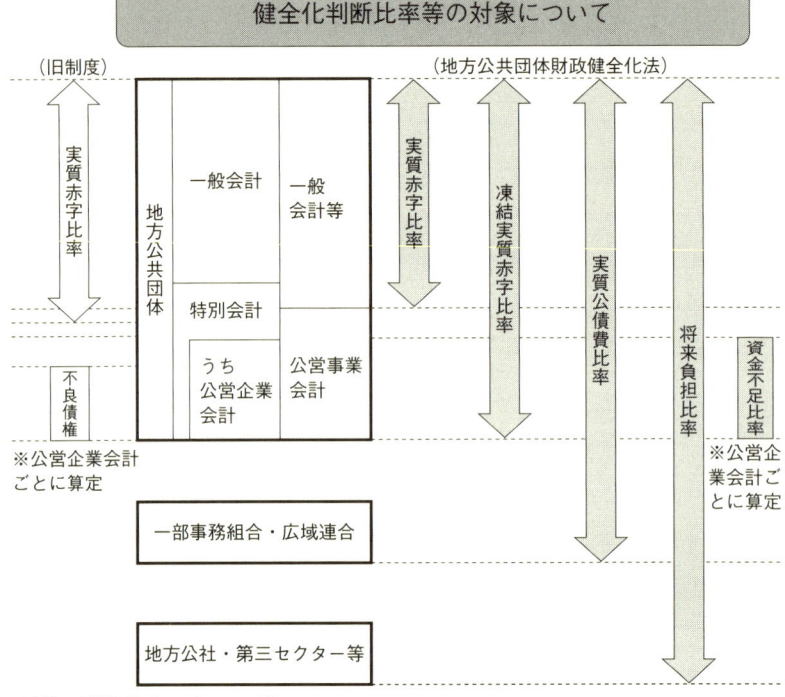

健全化判断比率等の対象について

（旧制度）　　　　　　　　　　　　　　　　（地方公共団体財政健全化法）

地方公共団体	一般会計	一般会計等
	特別会計	公営事業会計
	うち公営企業会計	

実質赤字比率／不良債権　※公営企業会計ごとに算定

実質赤字比率／連結実質赤字比率／実質公債費比率／将来負担比率／資金不足比率　※公営企業会計ごとに算定

一部事務組合・広域連合

地方公社・第三セクター等

出所：総務省ホームページ。

さらには地方公社・第三セクター等にまで拡げている。その他に、公営企業については、各企業ごとの財政の健全性を測る経営健全化基準として資金不足比率が設定されている。「単一予算主義」に反して地方自治体の予算が多様化する中で、破綻法制の見直しが必至となったのである。図1に示される通り、健全化判断比率の対象となる会計は、指標によって異なる。

　会計の多様化に対応して新たに導入された指標として重要なのは連結実質赤字比率である。連結実質赤字比率は、連結実質赤字額を標準財政規模で除した値である。連結実質赤字は、一般会計等と公営事業会計の実質赤字であり、一般会計と特別会

表1　2012年度における健全化判断基比率等

	早期健全化基準	財政再生基準
実質赤字比率	都：5.76% 道府県：3.75% 市区町村：11.25〜15%	都：9.01% 道府県：5% 市区町村：20%
連結赤字比率	都：10.76% 道府県：8.75% 市区町村：16.25〜20%	
実質公債費比率	都道府県・市区町村：25%	
将来負担比率	都道府県・政令市：400% 市区町村：350%	
資金不足比率	（経営健全化基準）20%	

出所：川島正治「地方公共団体財政健全化法に基づく健全化判断比率等の概要　（平成23年度速報値より）」『地方財政』2012年11月号、136頁。

計のほぼ全会計の実質赤字額から実質黒字額を引いた値である。ただし、公営事業のうち国民健康保険事業、介護保険事業、後期高齢者医療保険事業は対象外である。市区町村(政令指定都市を除く)の連結実質赤字比率の健全化判断比率（2012年度）は、早期健全化基準は財政規模に応じ16.25％〜20％、財政再生基準は30％である（表1参照）。

3　後年度負担と健全化判断比率

　後年度負担を伴う債務負担行為も健全化判断比率で算入される。将来負担比率とは、一般会計が将来負担すべき実質的な負債の標準財政規模に対する比率である。一般会計が将来負担すべき実質的な負債の額は、自治体が支払義務を負う借金の残高と今後発生しうる負債の額から返済に充当することが可能な基金（返済可能基金）を差し引いた金額である。一般会計等の前年度末の地方債現在高だけではなく、公営企業、一部事務組合

の地方債、退職手当支給予定額についての一般会計の負担予定額、連結実質赤字額が含まれる。さらに予算書では「債務負担行為」に計上される①債務負担行為に基づく支出予定額（地方財政法第5条各号の経費に係るもの）、②出資団体等で債務保証・損失保障した分が含まれる。

　将来負担比率については早期健全化基準のみが設定されているが、市区町村（政令指定都市を除く）では350％である。

　実質公債費比率（3か年平均）は、2006年度から地方債許可制度が地方債事前協議制へ移行したのに伴い、起債制限指標（18％超で適用）を普通会計の公債費負担のみを考慮した起債制限比率に代わって導入された指標である。起債制限比率は普通会計の公債費のうち一般財源等充当額を標準財政規模で除した値であるが、分母と分子から普通交付税の基準財政需要額に算入された公債費が控除される。実質公債費比率では、分子に準元利償還金が加算される。準元利償還金には、一般会計等からの繰出金のうち公営企業債の償還財源、一部事務組合等への負担金・補助金のうち一部組合等の地方債の償還財源、一時借入金の利子とともに、債務負担行為に基づく支出のうち地方債に準ずるものが含まれる。

　実質公債費比率が18％を超えると、地方債の発行には許可が必要になり（一般的許可団体への移行）、公債費負担適正化計画の策定を義務付けられる。25％を超えると、一般単独事業債の起債が制限される。35％を超えると、災害復旧事業を除く一般公共事業債が制限される。財政健全化法では、実質公債費比率は健全化判断比率の一つとしている。基準値としては、都道府県、区市町村とも実質公債費比率の25％が早期健全化基準、35％が財政再生基準とされている。

5　会計の多様化、後年度負担に着目した財政分析

1　健全化判断基準の基礎指標への着目

　目的を達成するために、財政の健全性を評価するための指標（健全化判断基準）を整備するとともに、その公表を義務付けた。健全化判断基準が早期健全化基準、財政再生基準に達しないからといって、安心して、その算出に使われる基礎指標の動向を無視してはならない。

　早期健全化基準と財政再生基準は、少数の自治体の適用されるように設定されている。実質公債費比率の算定では、分子には公債費（元利償還金）への一般財源等充当額が計上されるので公債費に充当される特定財源は控除される。さらに目的税としての特定財源も控除し、都市計画税を課している自治体では低く算出される。これは横浜市が早期健全化団体に陥るのを回避するための設定された算式であるといわれている。

　2011年度決算でみると、実質赤字額がある自治体は市区町村ではわずか2自治体であり、早期健全化比率以上である団体はゼロである。

　連結赤字額がある自治体は市区町村ではわずか9自治体であり、早期健全化比率以上である自治体はゼロである。実質公債費比率では、一般的許可団体への移行の基準となる18％以上の自治体は、政令市（計20市）では1自治体、市区（計790市区）では45自治体、町村（計932町村）では61自治体と他の基準よりは多くなるが、1,742市町村の6.1％に当たる107自治体にすぎない。

　資金不足比率が経営健全化基準以上である公営企業会計数は、政令市（計163会計）では4自治体、市区町村（一部事務組合

を除き6,213会計）では28自治体である。資金不足比率が経営健全化基準以上である会計は、政令市では4会計でいずれも交通事業である。政令市を除く市区町村（一部事務組合を含む）では、病院事業と観光施設事業が各7会計で最も多く、交通事業、市場事業、宅地造成事業が各4会計でそれに次ぐ。

　健全化判断基準は早期健全化基準に達しているかどうかの判断に使うだけでは、ほとんどの自治体にとっては一瞥すればよいだけの指標になってしまう。先述した通り、健全化判断基準の算出では、会計の多様化、後年度負担に対応した普通会計決算のみでは得られない指標を使っている。財政分析に有効に活用すべきである。

2　「財政状況等一覧表」による財政分析

　財政健全化法の公布に伴い、従来からの「決算カード」に加えて、「財政状況等一覧表」が作成・公表され、財政健全化比率の基礎指標が明らかになっている（表2参照）。
　「1.一般会計等の財政状況」、は予算書、決算書からより詳しい財政情報が得られる。一方、「2.公営企業等の財政状況」、「3.関係する一部事務組合等の財政状況」、「4.地方公社・第三セクター等の経営状況及び地方公共団体の財政的支援の状況」では、初めて公表される財政指標が明らかにされている。
　「2.公営企業会計等の財政状況」では、決算書や決算カードで明らかにされている企業債・地方債現在高だけではなく、そのうち一般会計等繰入見込額が算出され、将来の一般会計負担見込額が明らかにされている。「3.関係する一部事務組合等の財政状況」においては、企業債・地方債現在高とともに、そのうち一般会計等負担見込額が明らかにされている。
　「4.地方公社・第三セクター等の経営状況及び地方公共団体の

表2 財政状況等一覧表―東京都清瀬市のケース―

財政状況等一覧表（平成21年度決算）

(単位：百万円)

団体名　　清瀬市

標準税収入額等 A	普通交付税額 B	臨時財政対策債発行可能額 C	標準財政規模 A+B+C
9,823	2,920	993	13,736

1. 一般会計等の財政状況

(単位：百万円)

会計名	歳入	歳出	形式収支	実質収支	他会計等からの繰入金	地方債現在高	備考
一般会計	27,803	27,013	790	693	502	19,142	基金から454百万繰入
一般会計等	27,803	27,013	790	693		19,142	

※「一般会計等」の数値は、各会計間の繰入・繰出などを控除（純計）したものであることから、各会計間の合計額と一致しない項目がある。

2. 公営企業会計等の財政状況

(単位：百万円)

会計名	総収益（歳入）	総費用（歳出）	純損益（形式収支）	資金剰余額／不足額（実質収支）	他会計等からの繰入金	企業債（地方債）現在高	左のうち一般会計等繰入見込額	備考
国民健康保険事業特別会計	8,880	8,522	358	358	1,004	―	―	
老人保健医療特別会計	16	15	1	1	1	―	―	
下水道事業特別会計	1,463	1,442	21	21	62	5,879	1,011	
駐車場事業特別会計	92	87	6	6	―	413	―	
介護保険特別会計	4,085	3,989	96	96	719	―	―	
後期高齢者医療特別会計	1,129	1,112	18	18	599	―	―	
公営企業会計等　計				498		6,292	1,011	

(注) 1. 法適用企業とは、地方公営企業法の全部又は一部を適用する公営企業である。
　　 2. 法適用企業会計以外の特別会計については「総収益」「総費用」「純損益」の欄に、それぞれ「歳入」「歳出」「形式収支」を表示している。
　　 3. 「資金剰余額／不足額（実質収支）」は、地方公共団体財政健全化法に基づくものであり、資金不足額がある場合には負数（△～）で表示している。
　　 4. 「左のうち一般会計等繰入見込額」は、企業債(地方債)現在高のうち将来負担比率に算入される部分の金額である。

3. 関係する一部事務組合等の財政状況

(単位:百万円)

一部事務組合等名	総収益（歳入）	総費用（歳出）	純損益（形式収支）	資金剰余額/不足額（実質収支）	他会計等からの繰入金	企業債（地方債）現在高	左のうち一般会計等負担見込額	備考
東京都後期高齢者医療広域連合（一般会計）	5,019	4,899	120	120	649	—	—	
東京都後期高齢者医療広域連合（後期高齢者医療特別会計）	931,185	915,062	16,123	16,123	14,162	—	—	
東京都市町村職員退職手当組合	10,971	10,121	850	850	1,104	—	—	
昭和病院組合	14,226	14,398	△171	4,780	—	11,515	357	法適用企業
多摩六都科学館組合	797	778	19	19	33	429	48	
東京たま広域資源循環組合	11,481	10,301	1,180	1,180	1,286	20,906	544	
柳泉園組合	3,306	3,019	287	287	150	5,250	1,312	
東京都市収益事業組合	292	289	3	3	259	—	—	
東京市町村総合事務組合（一般会計）	1,085	1,012	73	73	1	—	—	
東京市町村総合事務組合（交通災害共済事業特別会計分）	559	417	142	142	—	—	—	
東京都市町村議会議員公務災害補償等組合	5	2	3	3	—	—	—	
一部事務組合等計				23,580		38,100	2,261	

4. 地方公社・第三セクター等の経営状況及び地方公共団体の財政的支援の状況

(単位：百万円)

地方公社・第三セクター等名	経常損益	純資産又は正味財産	当該団体からの出資金	当該団体からの補助金	当該団体からの貸付金	当該団体からの債務保証に係る債務残高	当該団体からの損失補償に係る債務残高	一般会計等負担見込額	備考
清瀬土地開発公社	△1	50	5	—	—	329			
清瀬都市開発株式会社	41	1,750	1,450				920	92	
地方公社・第三セクター等　計			1,455	—	—	329	920	92	

(注) 損益計算書を作成していない社団・財団法人は「経常損益」の欄には当期正味財産増減額を表示している。

5. 充当可能基金の状況

(単位：百万円)

充当可能基金名	平成20年度決算 A	平成21年度決算 B	差引 B－A
財政調整基金	693	806	113
減債基金	6	19	13
その他充当可能基金	917	1,554	637
充当可能基金計	1,616	2,379	763

(注) 「充当可能基金」とは、基金のうち地方債の償還等に充当可能な現金、預金、国債、地方債等の合計額をいい、貸付金及び不動産等を含まない。

6. 財政指標の状況

財政指標名	平成20年度決算 A	平成21年度決算 B	差引 B－A	早期健全化基準	財政再生基準	資金不足比率（公営企業会計名）	平成20年度決算 A	平成21年度決算 B	差引 B－A
実質赤字比率	3.99	5.04	1.05	△12.88	△20.00	下水道事業特別会計	—	—	—
連結実質赤字比率	10.80	8.67	△2.13	△17.88	△40.00				
実質公債費比率	5.0	4.9	△0.1	25.0	35.0				
将来負担比率	80.9	77.3	△3.6	350.0					
財政力指数	0.73	0.73	0.00						
経常収支比率	96.8	95.3	△1.5						

(注) 1. 「実質赤字比率」・「連結実質赤字比率」・「資金不足比率」は負数（△〜）で表示している。
2. 「実質赤字比率」・「連結実質赤字比率」は、収支が黒字の場合には便宜的に当該黒字の比率を正数で表示している。
3. 早期健全化基準に相当する「資金不足比率」の「経営健全化基準」は、公営競技を除き、一律△20％である（公営競技は0％）。
4. 「早期健全化基準」及び「財政再生基準」は平成21年度決算における基準である。

財政的支援の状況」では、各地方自治体からの当該年度における出資金、補助金、貸付金が明らかにされている。債務保証に係る債務残高、損失保障に係る債務残高及び一般会計等および一般会計等負担見込額が算出され、後年度負担が明らかにされている。

　本来、自治体財政の健全化は、地域住民と地方議会の監視の下に自主的に行われるべきであり、国が破綻法制に基づきコントロールすべきものではない。財政健全化法の健全化判断比率の多くは、分母に「標準財政規模」を用いている。標準財政規模は、「標準税収入額＋普通地方交付税額＋地方譲与税」である。標準税収入額は、普通交付税の基準財政収入額に75％が算入される「法定内普通税プラス都市計画税」の標準税率による収入額である。

　従って標準税収入額は、景気の動向や国の地方税法による地方税政策、地方交付税政策の影響を大きく受ける。しかし財政健全化法に基づく自治体の財政健全化では、歳入に係る国の政策のあり方が問われることなく、専ら自治体の財政運営に責任が帰せられる。健全化判断比率の動きだけにとらわれることは、自治体リストラしか財政健全化の途がないかのような枠組みに追い込まれる。国民経済・地域経済の動向、国と自治体の財政関係のあり方を含めた広い視野から、自治体財政の健全化を追求すべきである。

　ただし財政健全化法の公布に伴い作成・公表されている「財政状況等一覧表」における財政健全化比率の基礎指標は有益である。対象する会計が一般会計から他会計に拡大し、自治体会計の中核を占める一般会計からの繰出等と負担見込額を一覧できるにしたことは、財政健全化法の積極的側面として評価できる。予算原則の例外として会計の多様化が進み、後年度負担を伴う債務負担行為の利用が行われている自治体の財政分析では、

健全化判断比率の基礎指標の検討は不可欠になっている。

II 自治体の予算と政策要求

1 予算書から歳出の重点・変化を読む

1 予算規模

　一般会計の予算書を歳出面を中心に東京都清瀬市を例として検討しよう。清瀬市の国勢調査人口（2010年）は74,104人、住民基本台帳登載人口（2011年3月31日現在）は72,929人である。埼玉県と隣接したベットダウン都市であるが、医療・福祉関連の施設や大学が立地している点が特徴的である。普通会計の財政諸指標（2012年度）は、財政力指数0.71、経常収支比率（分母に臨時財政対策債等を加えた比率）93.3％、実質収支比率4.1％、公債費負担比率12.2％である。財政健全化法の健全化判断比率は、実施赤字と連結実質赤字は計上されず、実質公債費比率は5.0％、将来負担比率は71.4％である（総務省ホームページ「市町村別決算状況調」2012年度）。

　表3は、清瀬市の平成24年度一般会計予算書の歳入歳出事項別明細書の歳出である。予算規模は250億4,500万円で、16億900万円、1.4％の減（以下、予算の増減は対前年度当初予算比）となっている。一般会計予算は緊縮型であるが、5つの特別会計では、下水道事業8.8％増、介護保険9.4％増、後期高齢者医療9.3％増、国民健康保険事業3.9％増と4特別会計で予

算規模が膨張している。その結果、一般会計に5つの特別会計を合わせた総予算額は419億5,000万円で、6,060億円の減少、減少率は1.4％にとどまっている。予算書では、予算規模とその変化が分かる。

　歳入予算をみると、緊縮予算を組むことになった財源面での要因が分かる。清瀬市の場合、市税は89億7,904万円で2,764万円、0.3％減少したものの、地方交付税は37億6,800万円で7,286万円、2.7％増加している。その結果、使途が自由な一般財源等の大半を占める市税と地方交付税の合計は7,236万円、0.6％の微増となっている。財源の大幅な減少は主に特定財源としての国庫支出金、市債と財産収入（うち土地売払収入）で生じている。

　2000年代に入ってからの予算案では、財源制約を理由として緊縮型予算として提案されることが多い。歳出規模を検討する際には、歳入の影響を大きく受けているので、歳入の動向を併せてみることが必要である。財源の減少が依存財源である場合には、国の政策の影響であるかどうか見極めることが重要である。「三位一体の改革」では地方交付税が大幅に削減され、自治体の予算編成難を招いた（町田俊彦『歳入からみる自治体の姿』イマジン出版、2012年17頁、32頁を参照のこと）。国の公共事業削減策は、投資的経費向けの国庫支出金と地方債を減少させた。子育て支援における現金給付の中核が、児童手当から子ども手当、さらに（新）児童手当と変化する中で、民生費向けの国庫支出金は大幅に増減している。

　依存財源といえども、自治体の歳出政策が主因となって変動することがある。変動が激しいのは投資的経費向けの依存財源である。自治体独自の判断で補助事業を増減した場合には、国庫支出金と地方債が、単独事業を増減した場合には地方債が変動する。

表3 東京都清瀬市における一般会計予算の科目（款）別内訳

千円／%

	歳出予算					
	予算額		構成比		増減額	増減率
	2012年度	2011年度	2012年度	2011年度	2012年度	2012年度
議会費	256,974	320,352	1.0	1.2	△63,378	△19.8
総務費	2,438,428	2,537,714	9.7	9.5	△99,286	△3.9
民生費	13,770,834	13,731,823	55.0	51.5	39011	0.3
衛生費	1,754,944	1,788,856	7.0	6.7	△33,912	△1.9
労働費	4,099	—	0.0	—	4099	皆増
農林業費	68,884	53,820	0.2	0.2	15,064	28.0
商工費	75,707	97,510	0.3	0.4	△21,803	△22.4
土木費	1,033,119	1,088,965	4.1	4.1	△55,846	△5.1
消防費	1,030,089	1,024,578	4.1	3.8	5,511	0.5
教育費	2,366,552	2,901,289	9.4	10.9	△534,737	△18.4
公債費	2,225,359	3,070,332	8.9	11.5	△844973	△27.5
諸支出金	11	18,761	0.0	0.1	△18,750	△99.9
予備費	20,000	20,000	0.1	0.1	0	0.0
歳出総額	25,045,000	26,654,000	100.0	100.0	△1,609,000	△6.0

	各財源充当額					
	特定財源			一般財源	費目別構成比	
	国都支出金	地方債	その他		国都支出金	一般財源
議会費	—	—	—	256,974	—	1.6
総務費	215,447	—	41,444	2,181,937	2.6	13.7
民生費	6,665,970	—	281,183	6,823,681	79.6	42.8
衛生費	435,102	—	144,091	1,175,748	5.2	7.4
労働費	—	—	—	4,099	—	0.0
農林業費	13,440	—	4,387	51,057	0.2	0.3
商工費	9,953	—	601	65,153	0.1	0.4
土木費	135,548	111,000	13,604	772,967	1.6	4.9
消防費	548,996	14,000	2,000	465,093	6.6	2.9
教育費	349,181	42,000	11,214	1,964,157	4.2	12.3
公債費	—	—	68,430	2,156,929	—	13.5
諸支出金	—	—	11	0	—	0.0
予備費	—	—	—	20,000	—	0.1
歳出総額	8,373,637	167,000	566,968	15,937,395	100.0	100.0

注：増減額と増減率は対前年度予算比。

一方、自主財源で一般財源である地方税の変動は、国民経済及び地域経済の影響を受ける。日本経済は 1990 年代末から主要先進国では例外的にデフレ（持続的物価下落）に陥っており、2008 年秋のリーマン・ショック以降は経済停滞の度合いを強めている。従って地方税の伸びは期待できないが、財政当局は歳出規模を抑制するために過剰に固めに見積もりがちであることに留意しなければならない。地方税について、予算額と決算額を比較し、予算が継続的に決算額を下回る場合には財政当局による地方税の過少評価を指摘すべきである。

2　歳出の科目（款）別内訳

　地方自治法では、歳出予算は、目的に従って「款」に大別し、さらに「項」に区分することが規定されている。この「款」・「項」が議会の議決の対象となる科目であり、議決科目と呼ばれる。「項」は「目」に区分され、「目」はさらに「節」に区分される。「目」・「節」は予算執行の便宜上から各項の内容を明らかにするものであり、議決の対象とはされず、執行科目または行政科目と呼ばれる。歳出科目の区分は自治体によって差がある。

　歳出の構造を分析するには、まず表3のように歳出総額と「款」レベルの予算内訳、構成比、増減額、増減率をまとめる。歳出規模の動向とともに、歳出構成および一般財源充当額における主要な歳出科目（費目）を摘出するとともに、増減の動向を明らかにする。歳出の財源別内訳における一般財源充当額の費目別内訳は、自治体にとって使途が原則として自由な財源の使途を示す。国県支出金が多く充当されている費目は、一般的に自治体の自由裁量度が低い。

　清瀬市の歳出の科目区分は、款では総務省による普通会計決

算の区分におおむね準じている。2012年度歳出予算（款）の内訳をみると、民生費が137億7,084万円で歳出総額の55.0％と過半を占めている。これに衛生費（17億5,494万円、構成比7.0％）と労働費（410万円、構成比0.0％）を合わせたものは、自治体の福祉関係費と呼ばれる。合わせて155億5,299億円で歳出総額の62.0％を占めており、「福祉型」歳出の色彩が濃い。民生費に次ぐ地位を占めているのは総務費、教育費、公債費の3つの費目であり、それぞれ22〜24億円で、9〜10％の構成比を示している。一方、土木費は10億331万円で、4.1％を占めるにすぎない。

一般財源充当額（総額159億3,740万円）の費目別内訳では、民生費が66億6,597万円で最も多く、充当割合は42.8％で最も高い。衛生費、労働費を合わせた福祉関係費は80億353億円、充当割合は50.2％であるが、歳出総額における構成比（62.0％）よりは10ポイント以上低い。特定財源としての国都支出金（総額83億7,364万円）のうち民生費に66億6,597万円（79.6％）、衛生費に4,351万円（5.2％）、福祉関係費に合わせて84.8％が充当されていることによる。清瀬市の福祉関係費は、独自施策のウエイトが低い可能性がある。

注目すべきは、前年度比の増減である。増加したのは、民生費3,901万円増（0.3％増）、農林業費1,506万円増（28.0％増）、消防費551万円（0.5％増）、労働費410万円（皆増）の4つの費目のみである。衛生費は3,391億円減少（1.9％）減少しているので、民生費、衛生費、労働費を合わせた福祉関係費は920億円増でほぼ横ばいである。

一方、公債費8億4,497万円減（27.5％減）、教育費5億3,474億減（18.4％減）は減少額が大きく、減少率も高い。その他の主要経費では、総務費が9,929万円減（3.9％減）、土木費が5,585万円減（5.1％）減となっている。

3　民生費の動向

　主要な費目については、「項」「目」段階にまで立ち入って検討することが必要である。

　表4は清瀬市において一般会計歳出予算の過半を占め、2012年度予算において微増した数少ない費目の一つである民生費の科目（項・目）別内訳を示したものである。項は社会福祉費、児童福祉費、生活保護費の3つに区分されている。2012年度における社会福祉費と児童福祉費はそれぞれ50億円前後で、民生費（138億円）の36～37％ずつを占めている。生活保護費

表4　東京都清瀬市における民生費の一般会計予算

千円／％

項	目	2012年度	2011年度	増減額	増減率
社会福祉費		5,079,126	4,740,723	338,403	7.1
	社会福祉総務費	1,108,742	1,015,681	93,061	9.2
	老人福祉費	253,592	278,496	△24,904	△8.9
	老人保健費	795,307	749,245	46,062	6.1
	障害者福祉費	1,716,345	1,670,310	46,035	2.8
	国民年金費	26,409	26,491	△82	△0.3
	国民健康保険事業費	1,178,731	1,000,500	178,231	17.8
児童福祉費		4,979,082	5,288,254	△409,172	△7.8
	児童福祉総務費	304,754	336,720	△31,966	△9.5
	児童措置費	2,791,884	3,159,881	△367,997	△11.6
	母子福祉費	78,808	76,982	1,826	2.4
	子ども医療費	256,008	230,283	25,725	11.2
	青少年対策費	29,068	34,389	△5,321	△15.4
	保育園費	1,110,125	1,148,369	△38,244	△3.3
	学童クラブ費	161,643	163,781	△2,138	△1.3
	児童館費	91,512	119,770	△28,328	△23.7
	子ども家庭支援センター費	82,382	49,665	32,717	65.9
	子どもの発達支援・交流センター費	72,898	68,414	4,484	6.6
生活保護費		3,712,626	3,602,846	109,780	3.0
	生活保護総務費	165,562	154,225	11,337	7.4
	扶助費	3,547,064	3,448,62	98,443	2.9
合　計		13,770,834	13,731,823	39,011	0.3

は37億円で27％を占めている。

　2012年度予算を前年度と比較すると、社会福祉費は3億3,840万円増加（7.1％増）、生活保護費は1億978万円増加（3.0％）する一方で、児童福祉は4億917万円減少（7.8％減）している。

　社会福祉費は、4つの目から構成されているが、社会福祉総務費は3,384万円増加（9.2％増）、老人保健費は4,604万円増加（6.1％増）、国民健康保険事業費は1億7,823万円増加（17.8％増）した反面、老人福祉費は2,490万円減少（8.9％減）している。社会福祉総務費の増加の要因を見出すためには、予算書の「説明」まで立ち入らざるをえない。社会福祉総務費11億874万円のうち7割強にあたる7億9,427万円は介護保険特別会計繰出金である。結局、2012年度における民生費の主な増加要因は、国民健康保険、後期高齢者医療特別会計、国民健康保険特別会計への繰出金の増加であり、高齢化の進展に伴う医療・介護費用の膨張であることが分かる。

　児童福祉費は10の目に区分されているが、総額49億7,908万円のうち児童措置費が27億9,188万円で56.1％と主座を占め、保育園費が11億1,013億円で22.3％を占めてこれに次ぐ。2012年度における児童措置費の減少額は3億3,672万円で、児童福祉費の減少額（4億917万円）に対して9割を占める。予算書の「説明」により児童措置費の内訳をみると、保育園運営事業費が10億1,878万（うち私立保育園等運営費としての負担金・補助金9億780万円）、「子どものための手当」事業費が12億1,568億円で、それぞれ36.5％、43.5％を占め、この2事業で8割を占める。

　民主党政権成立に伴い（旧）児童手当に代えて導入された「子ども手当」の支給額（義務教育卒業まで所得制限なしで月額1万5千円支給）が、野党の自民党・公明党の要求を容れて、

2011年10月以降3歳未満と3〜12歳の第3子以降を除いては月額1万円に減額され、手当の名称は「子どものための手当」に改称された。2012年6月以降は、所得制限が導入され、手当の名称は「（新）児童手当」に改称された。2012年度における児童措置費の減少は、こうした手当の支給額の削減による。

2　政策と予算を関連づける

1　予算とのリンクが乏しい自治体の計画・行政評価等

　市民や議員が予算書を読むのは、関心が高い政策あるいは実現してほしい政策要求がいかに予算に反映されたかを知りたいからである。自治体は長期計画や実施計画を策定している。一方、自治体の財政では、財政健全化のための中期財政見通しを策定することはあるが、長期計画とリンクした中期財政計画は策定されていない。後年度予算を拘束する中期財政計画は「会計年度独立」の予算原則に反する。ただし、ローリング方式による各年度の改訂の余地を残しておけば、政策の計画化に対応した予算の計画化は予算原則に反しない。日本の大半の自治体財政では、地方交付税や国庫支出金などの依存財源が重要な地位を占めているために、国の政策の影響を受けやすく、これが財政の計画化を妨げている。

　また2000年に旧自治省が「地方公共団体に行政評価を円滑に導入するための進め方」などを公表すると、「行政評価」は全国に広がり、任意で行われている。欧米では、行政に民間企業の経営のやり方を導入するニュー・パブリック・マネージメント（NPM）に基づく行政改革の一環として、行政活動を評価する動きあり、その影響を受けたものである。一般に政策体系からみた事務事業、施策評価、政策評価の3層構造から成る。

公共部門の業績評価は困難であり、評価事務が煩雑な割に予算編成などに有効に使われていない。

結局、予算と政策との関連は、自治体広報に掲載される各年度の予算特集に掲載される予算と主要事業の記事、あるいは各年度に公刊される「主要施策の成果」等から検討するしかない。しかしこれらは事業別にまとめられていて、予算書との関連が把握しにくい。各事業の予算が予算書のどの費目に計上されていて、財源内訳がどうなっているかを確認するのは厄介な作業である。

2　政策とリンクした予算情報を

そこで主要事業について、予算書との関連、財源内訳を示す予算情報を提供するように財政当局に求めてゆくことが望ましい。資料1は東京都清瀬市が公表している「清瀬市のわかりやすい予算書」(49頁) である。

2012年度の主要44事業を①将来を担う人を育てるまち、②だれもが能力を発揮できるまち、③生きがいがもてるまち、④安全に暮らせるまち、⑤健康で明るく暮らせるまち、⑥福祉が充実したまち、⑦利便性を高める都市基盤づくり、⑧豊かさをはぐくむ産業の育成、⑨豊かな自然を大切にするまち、⑩だれもが住みやすい快適なまち、⑪市民協働によるまちづくりの推進、⑫健全財政の確立と効率的な行政運営に区分した上で、各事業について予算書掲載ページ (歳入、歳出)、事業費、財源内訳、使途、事業内容を示している。

①将来を担う人を育てるまちのうちの「ファミリー・サポート・センター事業費」(予算額1,331万円) の場合、予算書の該当ページをみると、民生費の児童福祉費 (項)・子ども家庭支援センター費に計上されていることがわかる。

⑧豊かさをはぐくむ産業の育成のうちの「緊急雇用対策事業費」（予算額 8,619 万円）の場合、緊急雇用事業費が総務費の総務管理費（項）・財産管理費（目）1,702 万円、戸籍住民基本台帳費（項）・戸籍住民基本台帳費 196 万円、土木費の道路橋梁費（項）・土木総務費（目）678 万円、都市計画費の都市計画総務費（項）・公園緑地費（目）960 万円、教育費の教育総務費（項）・事務局費（目）1,200 万円など多様な費目で支出されていることが分かる。失業した人を一時雇用する国の緊急雇用創出事業（財源は全額国費、都道府県が直接実施するか都道府県を通じ都道府県支出金の交付を受けて市町村が実施）の市支出分である。市の業務の一部を担ってもらうが、雇用する多数の課に予算が計上されるため、予算掲載ページが示されなければ、事業と予算の関連は把握できない。

人件費と主要 44 事業を除く一般会計歳出の全 281 事業については、科目（款）別に事業名、予算額、主な事業内容、担当課が一覧表で示されている。

統計資料として、東京都発行の「平成 24 年度市町村当初予算状況」（普通会計ベース）により東京都内 26 市（1 市は暫定予算のため除かれている）に基づき、人口 1 人当たり歳入・歳出（目的別・性質別）を比較し、順位づけを行っているのも役に立つ。当初予算については、全国ベースの比較は不可能であり、都道府県内市町村との比較が重要な素材になる。清瀬市の場合、市税が 25 位であるのに対して、地方交付税が 1 位、国庫支出金が 5 位、都支出金が 5 位であり、依存財源への依存度が高いという歳入面での特質が浮かび上がる。目的別歳出では、民生費が 1 位である反面、土木費は 25 位であり、福祉型予算が特徴である。性質別歳出では、扶助費が 3 位、人件費と公債費が 4 位と義務的経費の支出水準が高い反面、投資的経費が 25 位と支出水準が低い。

予算書と自治体広報の予算特集の間にこうした予算情報が提供されれば、市民や議員の予算に対する関心、理解を高める重要な手掛かりになる。各自治体において、予算情報の改善を求めてゆくことが必要である。

資料1　東京都清瀬市の「清瀬市のわかりやすい予算書」
平成 24 年度（抜粋）

◆ 平成24年度の主要事業

① 将来を担う人を育てるまち

ファミリー・サポート・センター事業費		子ども家庭支援センター	
(予算書掲載ページ：歳入37、45 歳出168)		事業費	13,305千円
援助活動の様子（保育園への送迎）			財　源	国 5,763千円 都 7,542千円
			ﾌｧﾐﾘｰ・ｻﾎﾟｰﾄ・ｾﾝﾀｰ委託料	13,305千円

育児の援助を受けたい人と育児の援助を行いたい人が会員登録し、アドバイザーがコーディネートを行います。保護者ができない保育施設等への送迎や自宅等での子どもの預かりをしています。また、病児・病後児保育、お泊り保育に対する緊急の預かりもしています。
　育児の援助を行いたい人は、規定の講習会を修了した者が担います。

⑦ 利便性を高める都市基盤づくり

道路整備事業費		道路交通課	
(予算書掲載ページ：歳入41、47、61 歳出220)		事業費	167,303千円
清瀬中学校前の道路整備後の様子			財　源	都（土木補助）16,600千円 都（市町村総合交付金）30,500千円 地方債 111,000千円 一般財源 9,203千円
			道路整備工事費	166,000千円
			その他諸経費	1,303千円

交通の基盤である道路の整備を行います。平成24年度は市道5路線の整備及び補修を行う他、旭が丘交番前の冠水対策として排水管の布設工事を実施します。

⑧ 豊かさをはぐくむ産業の育成

緊急雇用対策事業費		産業振興課ほか	
(予算書掲載ページ：歳入45 歳出86、112、202、208、218、234、248、258、290、300、308)		事業費	86,188千円
長引く景気低迷により、失業が深刻な問題となっております。そこで、失業した方の一時的な雇用（最長6ヶ月）などを通して、市の業務の一部を担っていただきます。東京都の補助金を活用します。 　業務内容は、小中学校図書館運営サポーターや市内清掃・低木の剪定などを行います。		財　源	都 86,188千円
			小中学校図書館運営サポーター	22,000千円
			小中学校樹木剪定等	12,000千円
			市内公園等樹木維持管理	9,600千円
			その他事務補助員等	42,588千円

Ⅲ 普通会計の歳出

1 目的別歳出

1 目的別歳出の構成

　目的別歳出は政策目的により分類した地方自治体の歳出である。総務費、民生費、土木費、教育費、公債費が4大費目である。その他に議会費、総務費、衛生費、労働費、農林水産業費、商工費、警察費、消防費、災害復旧費、諸支出金、前年度繰上充用金がある。

　民生費と土木費については後に詳しくみることとして、その他の経費について概括する。総務費は2010年度に市町村では歳出総額の13.0％を占め、土木費や教育費を上回る比率を示している（表5参照）。総務費には、総務管理費（本庁舎、市民会館等の建設費・維持管理費）、徴税費、戸籍・住民基本台帳費、選挙費、統計調査費、監査委員会費が計上される。

　市町村の衛生費は2010年度に歳出総額の8.2％を占めている。公衆衛生費と清掃費で二分され、結核対策費と保健所費がわずかな比率を占める。ただし政令指定都市や中核市など保健所を設置している自治体では、保健所費の比率は高い。市町村の労働費は2010年度に歳出総額の0.6％を占めるにすぎない。失業対策費とその他から成り、大半がその他であるが、リーマン・

表5 市町村の目的別歳出決算— 1990〜2010年度—

		1990	1995	2000	2005	2010
実数 (百万円)	議会費	439,971	496,327	486,635	405,250	327,504
	総務費	6,612,324	6,803,321	6,504,641	6,377,067	6,753,588
	民生費	6,243,554	9,501,665	10,454,721	12,813,515	17,002,698
	衛生費	3,132,483	4,632,354	5,039,691	4,355,185	4,266,660
	労働費	211,422	222,671	207,771	151,993	289,393
	農林水産業費	1,979,893	2,737,079	2,222,282	1,485,115	1,241,374
	商工費	1,227,944	1,957,169	1,958,724	1,612,229	2,048,068
	土木費	9,006,865	11,451,312	9,686,574	7,491,880	6,427,315
	消防費	1,223,331	1,652,364	1,730,923	1,678,117	1,636,052
	教育費	5,970,383	6,647,030	6,073,705	5,306,661	5,591,314
	災害復旧費	304,706	557,612	226,345	309,850	91,602
	公債費	3,552,200	4,887,892	6,272,394	6,805,020	6,241,103
	諸支出金	304,678	348,623	287,506	244,325	202,574
	前年度繰充用金	8,705	5,629	9,080	24,490	4,871
	歳出合計	40,211,410	51,901,049	51,160,992	49,060,696	52,124,114
構成比 (％)	議会費	1.1	1.0	1.0	0.8	0.6
	総務費	16.4	13.1	12.7	13.0	13.0
	民生費	15.5	18.3	20.4	26.1	32.6
	衛生費	7.8	8.9	9.9	8.9	8.2
	労働費	0.5	0.4	0.4	0.3	0.6
	農林水産業費	4.9	5.3	4.3	3.0	2.4
	商工費	3.1	3.8	3.8	3.3	3.9
	土木費	22.4	22.1	18.9	15.3	12.3
	消防費	3.0	3.2	3.4	3.4	3.1
	教育費	14.8	12.8	11.9	10.8	10.7
	災害復旧費	0.8	1.1	0.4	0.6	0.2
	公債費	8.8	9.4	12.3	13.9	12.0
	諸支出金	0.8	0.7	0.6	0.5	0.4
	前年度繰充用金	0.0	0.0	0.0	0.0	0.0
	歳出合計	100.0	100.0	100.0	100.0	100.0

出所：『地方財政白書』1992年〜2012年版。

ショック以降、「その他」から支出される自治体の就労支援策が積極化している。

　市町村の農林水産業費は2010年度に歳出総額の2.4％を占める。農業費、畜産業費、農地費、林業費、水産業費から構成されるが、市町村では農業費と農地費で3/4以上を占める。性質別では、農業基盤整備費を中心に投資的経費のウエイトが高い

費目である。市町村の商工費は 2010 年度に歳出総額の 3.9％を占める。性質別では貸付金のウエイトが 2/3 と高く、中小商工業者への制度金融が施策の中心である。

　警察費は専ら都道府県の支出になっている半面、消防費の大半は市町村の支出である。市町村の消防費は 2010 年度に歳出総額の 3.1％を占める。性質別にみると、消防費の 7 割以上は常備消防隊員の人件費によって占められている。

　教育費は地方自治体が教育の振興と文化の向上を図るために行っている学校教育、社会教育等の教育文化行政のための経費である。市町村の教育費の目的別内訳では小学校費が 30.2％、中学校費が 15.5％で義務教育関係が 45.7％を占める。その他、保健体育費の含まれる学校給食費が 12.2％を占め、これを含めると義務教育関係の構成比は 6 割弱になる。社会教育費は 18.1％、保健体育費のうちの体育施設費等は 7.2％を占め、社会教育・社会体育関係の構成比は 1/4 なる。教育費の性質別内訳をみると、公立学校の人件費を支出する都道府県では人件費が 8 割強と圧倒的割合を占めるが、市町村では物件費（31.1％）と普通建設事業費（30.9％）がそれぞれ 3 割強を占め、人件費が 26.2％でこれに次ぐ。

2　歳出規模の抑制と民生費に傾斜してきた目的別歳出構成の変化

　バブル好況のピークの 1990 年度の市町村の普通会計歳出規模は、51 兆 1,610 億円であったが、2006 年度の 47 兆円 9,465 億円まで縮小した。小泉政権の財政再建最優先政策、「小さな政府」指向の政策の一環として、自治体行財政のスリム化を推進する政策、国と自治体の財政関係の再編が行われたことによる。財政レベルの分権化を実現すると期待された「三位一体の改革」も、国から自治体への税源移譲を大幅に上回る国から自

治体への財政移転（国庫支出金、地方交付税）をもたらした。

　自治体の予算編成難、地域における公共サービスの劣化を背景に批判が強まる中で、自公政権末期には政策の手直しが行われた。2007年度と2008年度には自治体の歳出削減にブレーキがかけられ、2009年度には普通会計歳出規模は52兆円台に乗った。民主党政権下においても2010年度に52兆円台の歳出規模は維持された。

　1990年度の市町村の目的別歳出構成では、土木費が22.4％で主座を占め、総務費、民生費、教育費が15％内外で補完的していた。1995年度には土木費は22.1％と相変わらず主座を占め、民生費が18.3％まで比率を高め、これに次いだ。

　2000年度には民生費は20.4％を占めて第1位を占めた。土木費は比率を18.9％に低下させ、第2位になり、総務費、教育費、公債費が12％前後で第3位グループを構成した。その後も土木費から民生費へ、「コンクリートから人へ」という構成変化は着実に進行している。民生費の比率は2005年度に26.1％、2010年度に32.6％と高まり、1/3を占めるに至った。土木費は12.3％へ低下し、総務費、公債費とともに第3位グループを構成している。少子化が進行する中で、教育費の比率は10％台へ低下している。

2　性質別歳出

1　性質別歳出の構成

　性質別歳出は自治体の歳出の経済性質による分類で、義務的経費、投資的経費、「その他の経費」に大別される。義務的経費は、自治体の歳出のうち、任意に削減できない極めて硬直性が高い経費である。性質別歳出のうちの人件費、扶助費、公債

費から成る。財政の弾力性を示す指標である経常収支比率を規定する経常経費の多くを占めるため、義務的経費の大きさは地方財政の硬直化に大きな影響を及ぼす。

　人件費は人に伴う経費の総称である。普通会計の人件費は、地方公共団体の性質別歳出の歳出科目で義務的経費を構成する。職員給を中心に、議員報酬手当、委員等報酬、市町村長等特別職の給与、地方公務員共済組合負担金、退職金、退職年金等、災害補償費、職員互助会補助金などが計上される。建設事業費の一部が充当される事業費支弁職員人件費は投資的経費に計上され、義務的経費の人件費には計上されない。一般会計における給与関係費には、普通会計の人件費と事業費支弁職員人件費が含まれる。ラスパイレス指数は、年齢構成の差などを調整した上で、国家公務員給与を100とした地方公務員給与の水準を指数化したものである。地方交付税の大幅削減を主因とする地方財政の悪化を背景に地方行革が推進された結果、地方公共団体全体でみると2004年度以降連続して100を下回っている。

　扶助費は生活保護法、児童福祉法、老人福祉法、身体障害者福祉法、知的障害者福祉法、就学困難な児童及び生徒に係る就学奨励に関する法律等に基づき、地方自治体から被扶助者に対してその生活を維持するために支出される経費である。

　児童手当・子ども手当や生活保護費のような被扶助者に直接に現金給付または現物給付（医療扶助等）の形で給付されるものと民間福祉施設（社会福祉法人立の認可保育所など）への運営費補助に大別される。

　投資的経費は、自治体の公共施設整備等の直接投資と民間の投資への間接補助金、他の政府の投資への負担金（国直轄事業負担金、県営事業負担金、同級他団体施行事業負担金）、受託事業費から成る。歳出決算では、普通建設事業費、災害復旧事業費、失業対策事業費に区分される。

普通建設事業費は道路、港湾、学校などの公共施設の建設や用地の取得費に向けられる地方公共団体の歳出。災害復旧事業費、失業対策事業費とともに性質別歳出の投資的経費を構成し、その中心をなす。地方公共団体が直接に行う建設事業の経費だけではなく、社会福祉法人等民間部門や都道府県の場合市町村が行う建設事業に対する投資補助金も含まれる。国庫支出金や都道府県支出金の有無で、補助事業費と単独事業費に区分され、その他に国直轄事業負担金と都道府県事業負担金がある。

　災害復旧事業費は、降雨、暴風、洪水、地震、高潮その他の災害によって被害を受けた施設等を原形に復旧するための災害復旧事業に要する経費である。失業対策事業費は、多数の失業者の発生に対して、これらの失業者に臨時的に就職の機会を与えるため、道路の整備や工場団地・住宅団地の造成、河川・公園等の事業を実施するもので、これに要する経費を失業対策事業費という。現在失業対策事業費として実施されているのは、特定地域開発就労事業と産炭地域開発就労事業である。

「その他の経費」は物件費、維持補修費、補助費等、繰出金、積立金、投資・出資・貸付金、前年度繰上充用金から成る。

　物件費は、賃金（人件費の臨時職員給与及び事業費支弁に係る賃金を除いた短期日の日々雇用の職員に対する賃金）、旅費、交際費、需用費、役務費、備品購入費（1件百万円以上の機械器具等の購入費を除く）、委託料（反対給付のあるもので補助金的性格でないもの）、その他使用料・賃借料等から成り、維持補修費、投資的経費に係る物件費は除かれる。

　市町村の物件費の内訳をみると、委託料54.6％、需用費20.3％、賃金（臨時職員の賃金）の順になっている。民間委託が住民向け公共施設を多く抱えている市町村で拡大していることによる。目的別内訳をみると、教育費が27.2％で最も高く、衛生費26.1％、総務費19.1％の順であり、この三つの費目で

Ⅲ 普通会計の歳出

表6 市町村の性質別歳出決算

		1990	1995	2000	2005	2010
実数 (百万円)	歳出合計	40,211,410	51,901,049	51,160,992	49,060,696	52,124,114
	義務的経費	15,240,390	19,742,452	22,054,002	23,762,647	25,859,786
	人件費	8,686,635	10,562,878	11,086,010	10,255,691	9,426,074
	扶助費	3,007,150	4,308,676	4,704,343	6,714,881	10,199,113
	公債費	3,546,605	4,870,898	6,263,649	6,792,075	6,234,599
	投資的経費	12,278,124	15,972,945	11,753,585	7,594,132	7,198,244
	普通建設事業費	11,914,218	15,380,470	11,505,621	7,270,119	7,103,828
	補助事業費	3,312,098	4,712,163	3,909,163	2,380,742	2,912,513
	単独事業費	8,242,348	9,995,953	7,065,742	4,542,187	3,950,407
	災害復旧事業費	304,695	557,415	226,322	309,835	91,587
	失業対策事業費	59,211	35,059	21,642	14,178	2,829
	その他の経費	12,692,896	16,185,652	17,353,405	17,703,917	19,066,084
	物件費	3,743,458	5,536,517	5,992,593	6,176,431	6,394,403
	維持補修費	589,232	679,744	686,776	651,560	647,004
	補助費等	2,237,705	3,160,977	3,386,976	3,290,043	3,526,735
	積立金	2,817,970	1,375,460	1,293,235	1,302,320	1,567,034
	投資及び出資金	243,967	374,906	281,412	242,135	223,663
	貸付金	1,237,292	2,240,633	1,986,512	1,645,859	1,912,604
	繰出金	1,814,566	2,811,787	3,716,875	4,371,079	4,789,771
	前年度繰上充用金	8,705	5,629	9,080	24,490	4,871
構成比 (％)	歳出合計	100.0	100.0	100.0	100.0	100.0
	義務的経費	37.9	38.0	43.1	48.4	49.6
	人件費	21.6	20.4	21.7	20.9	18.1
	扶助費	7.5	8.3	9.2	13.7	19.6
	公債費	8.8	9.4	12.2	13.8	12.0
	投資的経費	30.5	30.8	23.0	17.5	13.8
	普通建設事業費	29.6	29.6	22.5	14.8	13.6
	補助事業費	8.2	9.1	7.6	4.9	5.6
	単独事業費	20.5	19.3	13.8	9.3	7.6
	災害復旧事業費	0.8	1.1	0.4	0.6	0.2
	失業対策事業費	0.1	0.1	0.0	0.0	0.0
	その他の経費	31.6	31.2	33.9	34.1	36.6
	物件費	9.3	10.7	11.7	12.6	12.3
	維持補修費	1.5	1.3	1.3	1.3	1.2
	補助費等	5.6	6.1	6.6	6.7	6.8
	積立金	7.0	2.7	2.5	2.7	3.0
	投資及び出資金	0.6	0.7	0.6	0.5	0.4
	貸付金	3.1	4.3	3.9	3.4	3.7
	繰出金	4.5	5.4	7.3	8.9	9.2
	前年度繰上充用金	0.0	0.0	0.0	0.0	0.0

出所：『地方財政白書』1992年〜2012年版。

3/4を占める（2010年度、表7参照）。物件費のうち需用費では、教育費が45.9％と突出して高く、衛生費（20.2％）、総務費（14.0％）の順となっている。委託費では、衛生費が35.6％で最も高く、教育費（18.5％）、総務費（16.7％）の順になっている。民間委託がごみ収集、社会教育施設・社会体育施設の管理、庁舎管理等で進んでいることが示されている。

　維持補修費は自治体が管理する公共用施設等の効用を保全するための経費である。ただし施設の増改築等のように、その形状ないし構造そのものを変えてしまう経費を含まない。また物件費で取得した物品や自動車の修繕料は物件費として扱い維持補修費には含めない。

　補助費等の項目とされる支出事項は、その支出の目的、根拠等によって多種多様である。補助費等にあげられる節は、①報償費（報奨金及び賞賜金）、②役務費（火災保険、自動車損害保険等の保険料）、③委託費（物件費に計上されるものを除く）、④負担金、補助及び交付金（人件費及び事業費に計上されるものを除く）、⑤補償、補填及び賠償金（事業費に計上されるもの及び繰上充用金を除く）、⑥償還金、利子及び割引料（公債費に計上されるものを除く）、⑦寄附金、⑧公課費である。市町村の補助費等は2009年度の5兆5,208億円から2010年度の3兆5,267億円へ約1/3減少している。自民党政権末期に導入された定額給付金の支給が終了したことによる。補助費等の目的別構成では、土木費が20.2％で最も高く、衛生費（18.8％）、民生費（17.0％）の順となっている（2010年度）。

　公営企業への繰り出しのうち、企業会計方式が適用される公営企業法の法適用事業（上水道、交通、病院）と法非適用事業のうち自治体が企業会計方式を選択した事業に対するものは、補助費等に計上されることに留意しなければならない。その他の公営企業への繰り出しは、国民健康保険事業会計、老人保健

医療事業会計、介護保険事業会計への繰出しとともに繰出金に計上される。市町村の繰出金の目的内訳では、民生費が76.1％と3/4以上を占め、土木費が17.9％でこれに次ぐ。医療・介護関係の事業会計への繰出しが圧倒的割合を占め、下水道事業会計への繰出しがそれに次ぐウエイトを占めている。

2010年度決算をみると、市町村では義務的経費が49.6％で1/2を占め、投資的経費13.6％、「その他の経費36.6％」となっている（表7参照）。義務的経費では、扶助費の比率が19.6％で最も高く、人件費18.1％、公債費12.0％の順になっている。投資的経費の大半を普通建設事業費であり、国費が投入されない単独事業費が7.6％、国庫支出金または国費を伴う都道府県支出金の形で国費が投入される補助事業費が5.6％の比率を示している。

表7 「その他の経費」の主要経費の目的別内訳― 2010年度―

		物件費 計	うち需用費	委託料	補助費等	貸付金	繰出金
決算額 (百万円)	計	6,394,403	1,273,053	3,588,445	3,526,735	1,912,604	4,789,771
	総務費	1,221,536	178,202	599,619	432,457	40,011	14,742
	民生費	748,477	89,565	425,910	598,977	25,367	3,646,480
	衛生費	1,667,687	257,083	1,276,765	663,219	58,097	98,410
	農林水産業費	98,522	17,034	61,025	249,631	29,143	123,032
	商工費	123,558	16,346	82,995	268,820	1,330,860	39,187
	土木費	453,525	64,841	305,097	710,678	307,194	858,399
	消防費	152,423	58,804	35,416	121,861	810	108
	教育費	1,738,699	584,066	663,815	325,485	45,927	1,714
	その他	189,976	7,112	137,803	155,607	75,195	7,699
目的別 構成比 (％)	計	100.0	100.0	100.0	100.0	100.0	100.0
	総務費	19.1	14.0	16.7	12.3	2.1	0.3
	民生費	11.7	7.0	11.9	17.0	1.3	76.1
	衛生費	26.1	20.2	35.6	18.8	3.0	2.1
	農林水産業費	1.5	1.3	1.7	7.1	1.5	2.6
	商工費	1.9	1.3	2.3	7.6	69.6	0.1
	土木費	7.1	5.1	8.5	20.2	16.1	17.9
	消防費	2.4	4.6	1.0	3.5	0.0	0.0
	教育費	27.2	45.9	18.5	9.2	2.4	0.0
	その他	3.0	0.6	3.8	4.4	3.9	0.2

出所：「地方財政統計年報」2012年版。

「その他の経費で」は、物件費の比率が12.3%で最も高く、繰出金の比率が9.2%で第2位、補助費等の比率が6.8%で第3位になっている。

2　投資的経費から義務的経費と「その他の経費」への構成変化

　一般に、ヨーロッパ先進国の自治体の歳出では、福祉関係費と教育費が大半を占めており、性質別歳出では人件費、扶助費が大きなシェアを占めている。現代財政の中央・地方の機能分担論では、所得再分配と経済安定（成長促進、景気安定）は中央政府の任務であり、地方政府は地方公共サービスの提供を通じて資源配分調整機能の一翼を担う。

　一方、日本では自治体が経済安定機能の一翼を担ってきた点が特質となっている。1970年代半ばに高度経済成長が終息すると、景気政策が主要な政策課題となり、国庫支出金、地方交付税、許可制度の下での地方債政策を一体的に活用して、自治体を景気対策に動員してきた。ヨーロッパ先進国では、不況期に地方税収が減退すると、自治体は弾力的経費としての投資的経費に重点を置いて歳出を削減し、財政収支の赤字化を抑えようとする。国庫支出金の大半は福祉関係費・教育費向けであるから、不況期に自治体の投資的経費を拡大させる政策手段を中央政府はもたない

　景気対策への自治体の動員は、公債費負担を膨張させた。元利償還費の一部は普通交付税の基準財政需要額に算入されるが、バブル崩壊後の経済の長期停滞の下で、地方税など一般財源が伸び悩む中で、自治体は公債費負担の増加に耐えられず、1990年代後半には投資的経費は縮小に向かった。さらに2000年代に入ると、小泉「構造改革」の下で国も公共投資削減に転換した。その結果、市町村の歳出に占める投資的経費の割合は、

1995年度には1990年度とほぼ同率の30.8％であったが、2000年度23.0％、2005年度17.5％、2010年度13.6％と大幅に低下した。

　代わりに比率を高めたのは義務的経費である。義務的経費の中核を占める人件費の比率は20～22％とおおむね横ばいで推移し、2010年度には18.1％へ低下している。1995～2000年度には公債費の比率が9.4％から12.2％に上昇した。2000年代に入ると、比率上昇の中心は扶助費に移り、2000年度の9.2％から2005年度13.7％、2010年度19.6％と大幅に上昇した。
「その他の経費」の比率も徐々に上昇している。一貫して比率を高めているのは、補助費等と繰出金である。繰出金の比率は1995年度の5.4％から2010年度の9.2％へ3.8ポイントも上昇しており、「その他の経費」の中では最も上げ幅が大きい。2000年度に介護保険がスタートし、老人介護サービスに対する普通会計の支出が人件費（直営分）、扶助費（民営入居施設）、物件費のうちの委託費（民営のヘルパー派遣）から介護保険事業会計に対する繰出金へ切り替えられたことが影響している。2000年代に入っても繰出金の比率は上昇を続けており、高齢化の急速な進展の下で医療・介護関係の事業会計への繰出、整備の後発地域における下水道事業会計への繰出が、「その他の経費」の主たる比率上昇の要因になっていることが示されている。

3　人件費

　市町村の人件費の構成（2010年度）をみると、職員給が64.8％（基本給43.6％、その他の手当21.1％、臨時職員給与0.1％）で約2/3を占める。社会保険の事業主負担としての地方公務員共済組合等負担金が13.7％で第2位、退職金が12.7％

表8 市町村の地方公務員数—普通会計ベース—

人/%

		4月1日現在職員数					増減率		
		1991	1996	2001	2006	2011	1996～2001	2001～2006	2006～2011
実数 (人)	一般行政関係職員	823,694	852,548	816,347	756,214	686,297	△4.2	△7.4	△9.2
	議会・総務	205,578	211,317	204,259	199,448	183634	△3.3	△2.4	△7.9
	税務	60,440	60,792	59,095	55,477	51648	△2.8	△6.1	△6.9
	民生	238,900	252,079	237,268	220,879	202,535	△5.9	△6.9	△8.3
	衛生	127,635	133,014	136,048	121,662	106,444	2.3	△10.6	△12.5
	労働	3,600	2,393	1,835	1,389	1,139	△23.3	△24.3	△18.0
	農林水産	52,612	51,118	45,520	36,899	31,765	△11.0	△18.9	△18.9
	商工	14,453	16,803	16,534	17,108	16,907	△1.6	3.5	△1.2
	土木	119,476	125,032	115,788	103,352	92,225	△7.4	△10.7	△10.8
	教育関係職員	248,823	247,356	227,066	191,243	155,871	△8.2	△15.8	△18.5
	教員	45,998	46,367	45,346	40,447	37,378	△2.2	△10.8	△7.6
	高等学校	13,415	13,190	12,638	11,807	10,983	△4.2	△6.6	△7.0
	義務教育	324	231	183	140	510	△20.8	△23.5	264.3
	その他	32,259	32,946	32,525	28,500	25,885	△1.3	△12.4	△9.2
	その他	202,825	200,989	181,720	150,796	118,493	△9.6	△17.0	△21.4
	消防関係職員	117,328	131,216	135,596	137,918	139,381	3.3	1.7	1.1
	合計	1,189,845	1,231,120	1,179,009	1,085,375	981,549	△4.2	△7.9	△9.6
構成比 (%)	一般行政関係職員	69.2	69.2	69.2	69.7	69.9			
	議会・総務	17.3	17.2	17.3	18.4	18.7			
	税務	5.1	4.9	5.0	5.1	5.3			
	民生	20.1	20.5	20.1	20.4	20.6			
	衛生	10.7	10.8	11.5	11.2	10.8			
	労働	0.3	0.2	0.2	0.1	0.1			
	農林水産	4.4	4.2	3.9	3.4	3.2			
	商工	1.3	1.4	1.4	1.6	1.7			
	土木	10.0	10.2	9.8	9.5	9.4			
	教育関係職員	20.9	20.1	19.3	17.6	15.9			
	教員	3.9	3.8	3.8	3.7	3.8			
	高等学校	1.1	1.1	1.1	1.1	1.1			
	義務教育	0.0	0.0	0.0	0.0	0.1			
	その他	2.8	2.7	2.7	2.6	2.6			
	その他	17.0	16.3	15.5	13.9	12.1			
	消防関係職員	9.9	10.7	11.5	12.7	14.2			
	合計	100.0	100.0	100.0	100.0	100.0			

出所：『地方財政白書』1992年～2012年版。

で第3位である。問題にされることが多い特別職給与は0.6％、議員報酬手当は2.1％を占めるにすぎない。

　人件費の財源内訳をみると、国庫支出金の割合が都道府県の13.1％に対して、市町村では0.7％にすぎない。公立小中市町村教員の人件費は、人事権をもつ政令指定都市分を含めて都道府県が支出する。義務教育費国庫負担金は都道府県に対して交

付され、国庫負担割合は三位一体の改革により 1/2 から 1/3 に引下げられた。市町村では、一般財源が 91.4％と大半を占める。

職員給の部門別構成も都道府県と市町村では差がある。都道府県では教育関係が 64.4％、警察関係が 19.8％で合わせて 84.2％と圧倒的割合を占めている。市町村では、福祉関連 3 部門が 31.5％（民生関係 19.8％、衛生関係 11.6％、労働関係 0.1％）、総務関係が 23.4％を占める。窓口業務、保育所、ごみ収集・処理など、住民生活と直結したサービを主に市町村が受け持っていることを反映している。教育関係は 16.4％、消防関係は 14.7％、土木関係は 8.2％を占めている。

人件費の増減を規定する主な要因は地方公務員数の変動であり、副次的要因は地方公務員の給与水準の変動である。市町村の性質別歳出における人件費の伸び率は、1990～1995 年度の 21.6％から 1995～2000 年度には 5.0％、2000～2005 年度には大幅に鈍化したとはいえ、増加を続けていた。市町村の普通会計ベースの職員数の増減をみた表 8 によると、1991 年 4 月 1 日～1996 年 4 月 1 日には増加したが、1996 年 4 月 1 日～2001 年 4 月 1 日には 4.2％の減少に転じている。部門別にみると、増加したのは 7 割を占める一般行政関係職員では衛生部門、一般行政関係職員以外では消防関係職員のみである。市町村一般職員の平均給料月額はこの期間に上昇しており、これが人件費の増加をもたらした（表 9 参照）。

2005～2010 年度には市町村の人件費は 7.5％の減少に転じている。2001 年 4 月 1 日～2006 年 4 月 1 日には地方公務員数はマイナス 7.9％と減少率を大幅に高めている。ウエイトが 1％台と低い商工部門で増加したのを例外として、一般行政関係職員はほとんどの部門で減少率を高めた。消防関係職員は増加を続けたが、増加率は 1.7％へ低下している。一般行政職員の平均給料月額は町村では横ばいであるが、政令指定都市では

表9 市町村一般行政職員の平均給料月額―普通会計ベース―

	実数（円）				増減率（％）		
	1996年4月1日	2001年4月1日	2006年4月1日	2011年4月1日	1996〜2001	2001〜2006	2006〜2011
政令指定都市	344,581	374,199	363,408	339,783	8.6	△2.9	△6.5
都市	338,269	366,817	352,909	334,403	8.4	△3.8	△5.2
町村	305,236	332,744	332,693	321,195	9.0	0.0	△3.5

出所：『地方財政白書』1992年〜2012年版。

2.9％、政令指定都市以外の都市で3.9％の減少に転じている。

　2005〜2010年度には市町村の人件費はマイナス8.1％と減少の度合いを高めている。2006年4月1日〜2011年4月1日には地方公務員数はマイナス9.6％と減少を加速化し、一般行政関係職員は全部門で減少率を高めた。消防関係職員は増加を続けたが、増加率は1.1％へ低下している。一般行政職員の平均給料月額の伸びは政令指定都市でマイナス6.5％、政令指定都市以外の都市でマイナス5.2％、町村でマイナス3.5％となっており、減少を加速化している。団塊の世代の退職により、地方公務員の平均年齢が退職したことも影響しているが、地方行革が地方公務員数の削減にとどまらずに、ボーナスの削減など給与引下げにも及んでいることを示している。

　地方公務員数の削減や給与引下げは、一般的には行政効率化、中小企業が大半を占める地域の民間給与との格差是正などとして好意的に受け止められ、財政硬直化打開の主な手段として使われ続けている。

　しかし地方公務員数の削減を単純に行政効率化の成果とみることには疑問がある。第1に直営で行われる事務が目立って縮小しているわけではない。退職者数に見合う新規採用が行われず正規の公務員数は削減されているが、臨時職員数は増加している。臨時職員の待遇は、勤続年数を含めて、ワーキング・プアの典型的な類型の一つにあげられるほど劣悪である。

第2に認可保育所のように設置・運営を民間に任せた場合、民間の人件費が低いためにコストが削減されるのであって、公共サービスが効率化されるわけではない。待機児童解消のための保育所整備が民間を中心に進められている東京圏では、保育所を運営している社会福祉法人が保育士不足のため東北などでの人材集めに追われている。保育士は東北では臨時職員としての採用が大半であるのに対して、東京圏では正規職員として採用されるが、自宅通以外の者が部屋を借りて生活するには給与が低く、応募しにくい実態がある。人材への依存度が高い医療・介護・保育などの福祉サービスの分野で、コスト引き下げを動機とした民営化が続けられるならば、人材不足による公共サービスの劣化は加速化する。
　第3に指定管理者制度等により民間委託する場合、委託先の従業者は非正規社員など待遇が悪いケースが多く、ここでも自治体がワーキング・プアをつくり出している。
　日本経済の最大の問題は物価が持続的に下落するデフレと格差・貧困の拡大であり、その主因は非正規労働者への依存度の上昇と正規労働者のボーナス削減による賃金引下げである。賃金引下げが内需を抑制し、デフレ経済をもたらしているのである。自治体の公務員の削減、公務員給与の引下げは、デフレ経済の重要な一因となっている。特に民間大企業の立地が少ない地域では、公務員や医療、介護、保育等公共サービスにおける非営利法人のウエイトが大きいため、マイナス効果は大きい。自治体の公務員削減と公務員給与引き下げ、民営化は、地域経済の停滞を通じて地方税収の減収をもたらし、さらなる財政健全化と行政改革を求めるという悪循環に陥っている。こうした悪循環から脱却するためには、国から地方への税源移譲や地方交付税の充実といった国・地方の財政関係の改革を、自治体が一体となって国に求めていくことが緊要である。

4　普通建設事業費

　市町村の普通建設事業費の種類別内訳（2010年度）をみると、国費を財源としない単独事業費が55.6％と最も構成比が高く、国費を財源とする補助事業費が41.0％でこれに次ぐ（表10参照）。財源内訳では、一般財源等が35.9％で構成比が最も高く、地方債30.9％、国庫支出金18.2％の順になっている。

　市町村の普通建設事業費の目的別内訳を補助事業費と単独事業費に区分して明らかにしよう。1990年度の補助事業費の目的別構成では、土木費が47.9％で主座を占め、農林水産業費と教育費が20％でこれを補完していた（表11参照）。

　土木費のうちでは都市計画費が21.6％（うち街路費9.2％）と最も比率が高く、道路橋りょう費と住宅費が10％台でそれに次ぐ比率を占めていた。

　1990～1995年度に補助事業費は42.2％拡大したが、1995～2000年度には13.0％の縮小に転じた。1995～2000年度の縮小局面で、ダイオキシン対策としてのごみ焼却施設の整備により衛生費のみは拡大を続け、構成比は1990年度の6.7％から2000年度の16.8％へ10.1ポイントも上昇した。一方、この期間に目立って構成比を低下させたのは教育費（7.9ポイント）と農林水産業費（4.7ポイント）であった。補助事業費は2000～2005年度には39.1％と大幅に縮小した。衛生費を含めてすべての費目が縮小した。

　2005～2010年度に補助事業費は22.3％増の拡大局面に入った。2.3倍もの最も大幅に増加な増加を示したのは教育費であり、構成比は2005年度の17.7％から2010年度の33.5％へ急上昇している。小学校・中学校校舎の耐震工事の本格化による。ウエイトは小さいが民生費は2.2倍増加し、うち児童福祉費は2.6倍と特に大幅に増加した。少子化対策としての認可保育所

表10　市町村の普通建設事業費の種類別・財源別内訳― 2010年度―

百万円/%

種類別　内訳		財源別　内訳	
補助事業費	2,912,513（ 41.0）	国庫支出金	1,294,674（ 18.2）
単独事業費	3,950,407（ 55.6）	分担金、負担金、寄附金	33,717（ 0.5）
国直轄事業負担金	102,126（ 1.4）	財産収入	17,453（ 0.2）
県営事業負担金	138,782（ 2.0）	地方債	2,194,986（ 30.9）
合　　計	7,10,3828（100.0）	その他特定財源	1,029,982（ 14.5）
		一般財源等	2,533,016（ 35.7）
		合　　計	7,10,3828（100.0）

注：（　　）内は構成比。
出所：『地方財政白書』2012年版。

整備の積極化による。

　総務費も3.7倍と大幅に増加している。一方、土木費は小幅ながらも減少を続け、構成比は49.6％から33.5％へ急落している。土木費のうちでは、道路橋りょう費は微増したものもの、都市計画費など他の費目は減少を続けている。

　1990年度の単独事業費の目的別構成では、補助事業費と同様に土木費が47.5％で主座を占め、教育費が20％でこれを補完していた（表12参照）。農林水産業費の比率は6.2％で低く、総務費が8.7％で第3位を占めていた。1990～1995年度に補助事業費は21.3％拡大したが、1995～2000年度には29.3％と補助事業よりも大幅な縮小に転じた。2000～2005年度に35.7％と減少の度合いを高めた後、2005～2010年度に補助事業のように拡大に転じることなく、13.0％の減少を示している。特徴的なのは、1990～2000年度に単独事業費の目的別構成が安定的であったことである。地方負担が少ない補助事業を優先し、その目的別構成は国の政策を反映して変動的であった。地方負担が多い単独事業費については、自治体が独自の判断で優先順位をあまり明確にせずに、一律削減を行った自治体が多いことを窺わせる。

表11 市町村の普通建設事業費・補助事業費の目的別内訳

百万円/％

	実数 1990	1995	2000	2005	2010	構成比 1990	1995	2000	2005	2010
総 務 費	16,856	29,545	81,679	72,989	272,723	0.5	0.6	2.1	3.1	9.4
民 生 費	81,498	153,392	204,200	94,808	205,029	2.5	3.3	5.2	4.0	7.0
社会福祉費	24,204	26,124	25,119	13,071	19,597	0.7	0.6	0.6	0.5	0.7
老人福祉費	36,974	92,109	97,226	33,772	66,081	1.1	2.0	2.5	1.4	2.3
児童福祉費	19,644	32,647	80,168	45,686	117,156	0.6	0.7	2.1	1.9	4.0
衛 生 費	222,890	465,857	656,784	261,349	176,273	6.7	9.9	16.8	11.0	6.1
清 掃 費	201,280	425,818	625,058	239,389	153,075	6.1	9.0	16.0	10.1	5.3
労 働 費	1,795	1,829	1,508	19	688	0.1	0.0	0.0	0.0	0.0
農林水産業費	680,331	940,339	615,705	282,240	195,152	20.5	20.0	15.8	11.9	6.7
商 工 費	10,257	15,149	19,917	21,172	22,134	0.3	0.3	0.5	0.9	0.8
土 木 費	1,588,105	2,354,661	1,785,053	1,181,722	1,024,802	47.9	50.0	45.7	49.6	35.2
道路橋りょう費	333,147	392,763	275,304	181,802	198,165	10.1	8.3	7.0	7.6	6.8
河川海岸費	98,715	130,848	101,722	56,757	38,058	3.0	2.8	2.6	2.4	1.3
港 湾 費	83,579	115,953	91,936	42,043	41,826	2.5	2.5	2.4	1.8	1.4
都市計画費	716,137	1,184,676	904,708	652,349	558,743	21.6	25.1	23.1	27.4	19.2
街 路 費	303,207	469,776	334,624	199,234	151,105	9.2	10.0	8.6	8.4	5.2
公 園 費	167,137	303,311	244,276	151,921	133,711	5.0	6.4	6.2	6.4	4.6
下 水 道 費	61,812	44,285	21,117	6,483	5,175	1.9	0.9	0.5	0.3	0.2
区画整理費等	183,982	367,304	304,690	294,712	268,753	5.6	7.8	7.8	12.4	9.2
住 宅 費	351,950	518,009	401,689	234,532	183,831	10.6	11.0	10.3	9.9	6.3
消 防 費	36,397	76,334	57,723	44,484	39,092	1.1	1.6	1.5	1.9	1.3
教 育 費	673,598	675,055	486,594	421,927	976,620	20.3	14.3	12.4	17.7	33.5
小 学 校 費	341,298	351,901	250,794	216,238	502,332	10.3	7.5	6.4	9.1	17.2
中 学 校 費	222,010	192,109	141,725	128,084	329,273	6.7	4.1	3.6	5.4	11.3
高等学校費	5,233	4,839	1,299	256	1,383	0.2	0.1	0.0	0.0	0.0
社会教育費	51,038	52,347	38,958	41,997	63,861	1.5	1.1	1.0	1.8	2.2
保健体育費	43,325	60,636	34,806	26,144	49,658	1.3	1.3	0.9	1.1	1.7
そ の 他	371	—	—	32	—	0.1	—	—	0.0	—
合 計	3,312,098	4,712,163	3,909,163	2,380,742	2,912,513	100.0	100.0	100.0	100.0	100.0

出所：『地方財政白書』1992年〜2012年版。

Ⅲ 普通会計の歳出

表12 市町村の普通建設事業費・単独事業費の目的別内訳

百万円/％

	実数					構成比				
	1990	1995	2000	2005	2010	1990	1995	2000	2005	2010
総 務 費	720,271	849,623	489,295	371,362	365,098	8.7	8.5	6.9	8.2	9.2
民 生 費	398,391	588,271	383,955	238,877	251,538	4.8	5.9	5.4	5.3	6.4
社 会 福 祉 費	116,786	191,731	132,929	52,664	41,592	1.4	1.9	1.9	1.2	1.1
老 人 福 祉 費	189,138	293,513	165,290	98,312	79,444	2.3	2.9	2.3	2.2	2.0
児 童 福 祉 費	91,433	99,402	84,050	87,059	128,638	1.1	1.0	1.2	1.9	3.3
衛 生 費	406,768	825,457	579,133	341,984	270,353	4.9	8.3	8.2	7.5	6.8
清 掃 費	254,654	597,865	410,972	226,061	166,094	3.1	6.0	5.8	5.0	4.2
労 働 費	25,717	16,279	15,327	4,798	4,352	0.3	0.2	0.2	0.1	0.1
農 林 水 産 業 費	511,502	665,332	469,827	258,393	207,546	6.2	6.7	6.6	5.7	5.3
商 工 費	271,382	325,423	200,689	104,973	107,967	3.3	3.3	2.8	2.3	2.7
土 木 費	3,915,070	4,595,422	3,519,136	2,266,523	1,802,708	47.5	46.0	49.8	49.9	45.6
道路橋りょう費	1,623,181	1,902,709	1,555,550	992,710	872,113	19.7	19.0	22.0	21.9	22.1
河 川 海 岸 費	218,038	231,581	152,325	93,780	73,416	2.6	2.3	2.2	2.1	1.9
港 湾 費	64,134	76,936	63,164	38,107	23,520	0.8	0.8	0.9	0.8	0.6
都 市 計 画 費	1,761,305	2,054,442	1,594,900	1,040,765	748,755	21.4	20.6	22.6	22.9	19.0
街 路 費	578,965	751,163	596,001	428,262	312,866	7.0	7.5	8.4	9.4	7.9
公 園 費	644,157	633,473	395,328	185,079	139,923	7.8	6.3	5.6	4.1	3.5
下 水 道 費	46,964	43,247	25,445	12,745	10,711	0.6	0.4	0.4	0.3	0.3
区画整理費等	491,219	626,558	578,126	414,679	285,256	6.0	6.3	8.2	9.1	7.2
住 宅 費	214,091	293,012	125,668	73,241	64,890	2.6	2.9	1.8	1.6	1.6
消 防 費	161,349	213,363	173,988	133,431	153,767	2.0	2.1	2.5	2.9	3.9
教 育 費	1,722,465	1,840,965	1,183,852	789,927	751,347	20.9	18.4	16.8	17.4	19.0
小 学 校 費	475,878	429,611	316,124	283,515	255,673	5.8	4.3	4.5	6.2	6.5
中 学 校 費	319,343	271,306	169,284	161,107	160,043	3.9	2.7	2.4	3.5	4.1
高 等 学 校 費	28,582	25,906	27,476	24,096	25,460	0.3	0.3	0.4	0.5	0.6
社 会 教 育 費	448,233	520,579	352,366	159,191	142,613	5.4	5.2	5.0	3.5	3.6
保 健 体 育 費	365,076	464,185	245,709	121,800	130,027	4.4	4.6	3.5	2.7	3.3
そ の 他	109,433	75,828	50,540	31,919	35,731	1.4	0.6	0.8	0.7	1.0
合 計	8,242,348	9,995,953	7,065,742	4,542,187	3,950,407	100.0	100.0	100.0	100.0	100.0

出所：『地方財政白書』1992年～2012年版。

予算執行に係る先進自治体における改革として、投資的経費等の発注を対象とした「公契約条例」の制定があげられる。1949年に採択されたILO（国際労働機関）94号条約（公契約における労働条項）では、国や自治体が受託業者・下請業者に事業を発注・委託するに際して、その地域の平均的労働条件を切り下げるような契約を行ってはならないという趣旨である。2008年現在、60カ国で批准されているが、日本は未批准である。

　2010年代に入ると、低価格の公共工事入札や公共サービスの外部化・民間委託化が「官製ワーキングプア」を生み出しているとの認識から、ILO94号条約をベースとした「公契約条例」を制定し、入札改革を行う先進自治体が生まれた。2012年9月現在で千葉県野田市、神奈川県川崎市、神奈川県相模原市、東京都多摩市の4自治体が公契約条例を制定しているが、東京都小金井市、世田谷区、足立区、墨田区、神奈川県横浜市、厚木市、埼玉県草加市、北海道札幌市など検討中の自治体もある。

　4自治体の公契約条例における公契約の範囲、労働者の範囲、労働者の賃金、是正命令等は表13の通りである。公共工事については、労働者の賃金の下限を設計労務単価の8割～9割と設定し、これを下回る場合には差額の支給を義務づけている。公共工事では請負契約で働く「一人親方」が多いことから、それを労働者の範囲に含め、保護の対象としていることが注目される。賃金の底上げと歯止めにより、低価格受注と労務単価切り下げの競争にブレーキをかけ、「官製ワーキングプア」縮小への有力な手段になっている。

表13 4自治体の公契約条例の概要

	野田市	川崎市	相模原市	多摩市
公契約の範囲	①工事：予定価格5千万円以上 ②業務委託：予定価格1千万円以上 ③市長が適正な賃金等の水準を確保するために特に必要があるもの	①工事：予定価格6億円以上 ②業務委託：予定価格1千万円以上 ③市が出資する法人で市長が指定するもの等	①工事：予定価格3億円以上 ②業務委託：予定価格1千万円以上 ③公の施設の管理：予定価格1千万円以上 ④市が出資その他財政上の援助を行う法人であって規則で定めるもの	①工事：予定価格5千万円以上 ②業務委託：予定価格1千万円以上 ③指定管理協定のうち、市長又は市教育委員会が必要と認めたもの ④市長が適正な賃金等の水準を確保するために特に必要があるもの
労働者の範囲	①雇用される者 ②派遣される者 ③請負労働者（但し、手間のみを提供する者）	①雇用労働者 ②工事の請負契約で当該作業に請負契約で従事する者 ③委託に関する契約で当該作業に従事する者 ④指定管理者の下で公の施設管理に従事する者	①雇用労働者 ②工事の請負契約で当該作業に請負契約で従事する者 ③委託に関する契約で当該作業に従事する者 ④指定管理者の契約の契約に係る作業の従事する者	①雇用される者（日雇労働者、アルバイト、パートを含む） ②派遣される者 ③受注者又は下請請負との請負契約により従事する者
労働者の賃金	①工事：公共工事設計労務単価の8割以上 ②業務委託：野田市の一般職員給与、建設保全業務労務単価等、野田市がすでに締結した業務委託に係る労働者の賃金等（時給829円〜1,480円）	①工事：公共工事設計労務単価の9割以上（2011年度） ②業務委託：生活保護法により川崎市に適用される額（2012年度時給899円以上）	①工事：公共工事設計労務単価において職種ごとの単価 ②業務委託：生活保護法により相模原市に適用される額	①工事：熟練労働者は公共工事設計労務単価の9割以上、未熟練労働者は委託・管理労働者と同額 ②業務委託：生活保護法により多摩市に適用される額（2012年度時給903円以上）

出所：NPO法人・建設政策研究所作成資料

5 財政硬直化の歳入要因と歳出要因

　財政硬直化とは予算の内容が税収が減少しても弾力的に縮減

できない経費によって多くが占められ、赤字公債への依存を余儀なくされている状態を指す。地方財政では、経常収支比率が財政硬直度の指標である。総務省では都市75％、市町村70％程度が妥当な水準としている。経常収支比率があまり高いと、一般財源が急減した時に、歳出を縮小することが困難で、実質収支が赤字化する危険性が高い。

　経常収支比率は、経常的経費（人件費、扶助費、公債費、物件費など）に充当された経常一般財源等の比率である。経常一般財源等は自治体の歳入のうち、毎年度、恒常的に収入され、年度によって打ち切られることのない経常的収入のうち、使途が特定されていない一般財源。普通税、普通交付税、地方譲与税、地方特例交付金、交通安全対策特別交付金、税交付金、特別区財政調整交付金などである。

　2001年度以降、地方交付税の法定五税では不足する原資を補ってきた交付税等特別会計の借入（「隠れ地方債」）を「通常収支」については停止し、国の一般会計の加算と地方の臨時財政特例債に切り替えた。地方債は原則として建設地方債しか認められないが、臨時財政特例債は減税補塡債（特例分）とともに例外的な「赤字地方債」である。この2つの赤字地方債の元利償還金は、基準財政需要額の「公債費」に算入される。総務省は臨時財政特例債を「広義の地方交付税」とみなし、減税補塡債（特例分）とともに経常収支比率の算定にあたって分母の経常一般財源等に加算している。

　普通交付税の基準財政需要額には多様な地方債の元利償還金が算入され、算入率は臨時財政特例債の100％を最高に多様である。自治体では、基準財政需要額に算入分の元利償還費は普通交付税で措置されるから、実質的には地方自治体の負担にはならないという理解が一般的である。元利償還費の算入によって上積みされた基準財政需要額の額だけ、普通交付税の総額が

Ⅲ　普通会計の歳出

増額されるならばそうした理解は妥当である。

1970年代半ば以降、日本経済が高度成長から安定成長に移行し、国税と地方税が停滞する中で、普通交付税の原資が国税の法定率分だけでは大幅に不足し、総額は国の地方財政対策によって決定されることになった。算定に恣意性がつきまとう投資的経費の基準財政需要額が削減された場合には、実質的には元利償還費は地方交付税によって措置されたことにはならない。「三位一体の改革」の時期は、投資的経費の基準財政需要額の大幅削減を通じて、普通交付税総額が大幅に減額されたのである。個々の自治体の基準財政需要額の算定資料をみると、元利償還金の交付税措置は行われているにもかかわらず、普通交付税は大幅に減額されており、元利償還費は実質的には自治体の負担になったとみられる。

市町村の経常収支比率は1990年度には69.7％であり、バブル好況下で財政の弾力性は保たれている。バブル崩壊による地

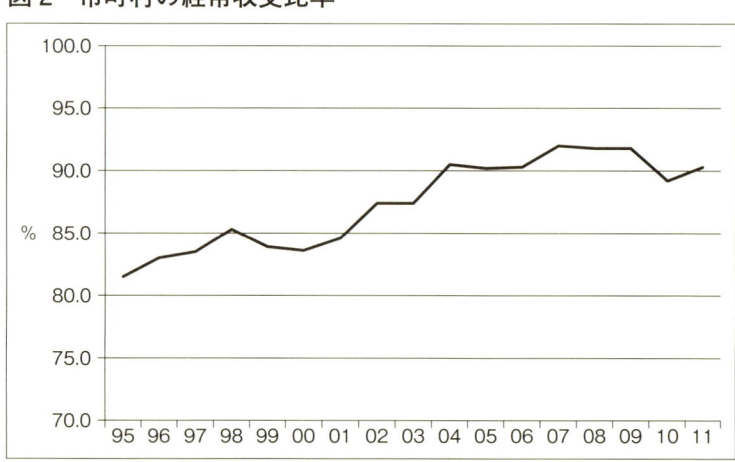

図2 市町村の経常収支比率

注：2011年度は速報値。
出所：「地方財政白書」1997、2002年、2007年、2012年版および表8の資料より作成。

方税の減収により、1995年度の81.5％に急上昇した。1995年度以降も比率は上昇を続け、1998年度には85.3％と85％ラインを突破した（図２参照）。2001年度以降、分母に臨時財政特例債等が加算されたにもかかわらず、2004年度には90.5％と90％ラインを突破した。2007～2009年度には約92％へ高まり、2010年度に89.2％へ小幅な低下を示している。　分母に臨時財政特例債等を加算しない比率をみると、2010年度には97.6％に達しており、100％に近づいている。2011年度決算の速報値によると、市町村の経常収支比率は90.3％と再び90％ラインを超えている。

　経常収支比率については、比率の検討に終始しがちなことが難点である。例えば自治体財政の分析でよく使われる「決算カード」では、左上の「歳入の状況」に①歳入合計のうちの経常一般財源等、②地方債のうちの臨時対策債、③地方債のうちの減収補てん債（特例分）が掲げられており、①～③の合計（A）が経常収支比率の分母となる。左下の「性質別歳出の状況」で充当一般財源等のうち経常経費充当額の総額（B）と各経費別内訳（C）が示されている。（B）を（A）で除した値を経常収支比率として掲げるとともに、（C）を（A）で除した値が人件費、扶助費、公債費等経費別に示されており、これが経常収支比率の経費別内訳というものである（「決算カード」を使った自治体財政の分析方法については、町田俊彦『歳入からみる自治体の姿』104～117頁を参照のこと）。「決算カード」を数年分整理すれば、経常収支比率とその経費別内訳の動向はわかる。

　2000～2005年度に市町村の経常収支比率は83.6％から90.2％に6.6ポイントも大幅上昇しており、その内訳では義務的経費の比率が52.9％から56.5％へ3.6ポイント、「その他の経費」の比率が30.8％から33.6％へ2.8ポイント高まっている

表14 市町村の経常収支比率

百万円/％

		2000年度		実数・構成比 2005年度		2010年度		増減率 00〜05年度	05〜10年度
経常一般財源	(A)	28,388,362		25,929,179		26,163,555		△8.7	0.9
地方税		16,187,623		15,776,342		16,420,680		△2.5	4.1
地方交付税		8,898,255		6,865,457		7,539,753		△22.8	9.8
その他		3,302,484		3,287,380		2,203,122		△0.5	△33.0
減収補填債（特例分）	(B)	—		270,123		6,887		皆増	△97.5
臨時財政特例債	(C)	—		1,395,140		2,469,138		皆増	77.0
経常一般財源等計 (D)=(A)+(B)+(C)		28,388,362		27,594,442		28,639,580		△2.8	3.8
経常経費充当一般財源	(E)	23,745,545		24,862,429		25,539,978		4.7	2.7
義務的経費		15,012,420	52.9	15,592,346	56.5	15,598,220	54.5	3.9	0.0
人件費		8,411,395	29.6	7,953,886	28.9	7,199,331	25.1	△5.4	△9.5
扶助費		1,479,579	5.2	2,147,207	7.8	2,965,467	10.4	45.1	38.1
公債費		5,121,446	18.0	5,491,253	19.9	5,433,422	19.0	7.2	△1.1
［その他の経費］		8,733,125	30.8	9,270,083	33.6	9,941,758	34.7	6.1	7.2
物件費		3,521,230	12.4	3,643,564	13.2	3,664,906	12.8	3.5	0.6
補助費等		2,982,818	10.5	2,800,020	10.2	2,883,520	10.1	△6.1	3.0
繰出金、その他		2,229,077	7.9	2,826,499	10.2	3,393,332	11.8	26.8	20.1
経常収支比率 (E)/(D)×100		83.6		90.2		89.2			
（参考）経常収支比率 (E)/(A)×100		83.6		95.9		97.6			

注：経常経費充当一般財源の各経費の右側の計数は経常収支比率の内訳。
出所：［地方財政白書］2002年、2007年、2012年版。

（表14参照）。義務的経費のうちでは人件費の比率はおおむね横ばいであり、扶助費が2.6ポイント、公債費が1.9ポイント上昇している。「その他の経費」では、補助費等の比率はほぼ横ばいであり、物件費が0.8ポイント、繰出金・その他が2.3ポイント上昇している。

人件費と補助費等を除く主要経費の経常収支比率が上昇しているものの、経常経費充当一般財源の増加率は4.7％にすぎない。それにもかかわらず経常収支比率は、2000年度の臨時財政特例債等を分母に加算しない比率でみると、2000年度の83.6％から2010年度の95.9％へ12.3ポイントも上昇している。分母の経常一般財源が8.7％も減少したことによる。経常一般財源では、地方税が2.5％減少しているが、地方交付税の22.8％もの大幅削減の影響が大きい。

2005～2010年度には経常一般財源の縮小に歯止めがかかり、ほぼ横ばいになった。地方税は4.1％の増加に転じたが、「三位一体の改革」による所得税から個人住民税への税源移譲によるところが大きい。税源移譲はまず「所得譲与税」という形で行われ、2007年度から個人住民税・所得割の税率が引き上げられた。地方譲与税は半減しており、地方税と地方譲与税の合計をみると0.9％の増加にとどまっている。「三位一体の改革」の影響を除くと、デフレ経済下で地方税は伸び悩んでいる。

都道府県分と市町村分を合せた地方交付税は1.4％とほぼ横ばいである。都道府県分が5.0％減少した半面、市町村分は9.8％増加している。「平成の大合併」と絡み合いながら、政令指定都市や中核市が拡大した影響と考えられる。政令指定都市や中核市への移行に伴い都道府県から事務は移譲されるものの、税源は移譲されない。移譲された事務に要する一般財源は基準財政需要額に算入され、地方交付税の増額で手当される。事務の移譲に伴い地方交付税の交付先が都道府県から市町村へシフ

トするのである。この時期に政令指定都市や中核市へ移行した都市を除くと、地方交付税はおおむね横ばいで推移したとみられる。大幅に増加したとはいえ、2010年度における市町村全体の地方交付税は2000年度の84.7％にとどまっており、「三位一体の改革」で弱体化した地方交付税の財源保障機能・財政調整機能は回復していない。

経常経費充当一般財源の伸びは2.7％に低下した。注目されるのは、義務的経費は横ばいで、義務的経費の経常収支比率は56.5％から54.5％への低下に転じたことである。人件費は9.5％も低下し、その経常収支比率は28.9％から25.1％へ3.8ポイントも低下している。一方。扶助費の増加率は38.1％と依然として主要経費の中で最も高く、その経常収支比率は7.8％から10.4％へ2.6ポイントも高まっている。

「その他の経費」は7.2％と高い伸びを示している。物件費は横ばい、補助費等は3.0％にとどまる中で、繰出金・その他が20.1％と高い伸びを示している。市町村の特定財源を含めた繰出金の繰り出し先別伸び率をみると、法非適用の公営企業会計は18.1％も減少しており、料金引き上げによる独立採算制が強まっている（表15参照）。

表15　市町村の繰出金の繰り出し先別内訳

百万円／％

	2005	2010	増減率
法非適用の公営企業会計	1,367,505	1,119,974	△18.1
国民健康保険事業会計　　(A)	1,180,237	1,198,569	1.6
老人保健医療事業会計　　(B)	801,386	2,978	△99.6
後期高齢者医療事業会計　(C)	—	1,254,991	皆増
介護保険事業会計	985,077	1,182,880	20.1
その他	248,043	30,379	△87.8
合　　計	4,582,248	4,789,771	4.5
うち医療系　　(A)+(B)+(C)	1,981,623	2,456,538	24.0

出所：「地方財政白書」2007年、2012年版より作成。

2008年度から後期高齢者医療制度がスタートした。これまで75歳以上の高齢者は、国民健康保険加入して保険料を払うか被用者保険の扶養親族になる一方で、市町村が運営する老人保健制度（財源は被用者保険や国民健康保険）から給付を受けていた。2008年4月以降はそれらから脱退し、後期高齢者医療制度という独立した医療保険に加入することになった。後期高齢者医療制度への移行は、一定期間は国民保険財政は安定化に寄与するとみられており、国民健康保険事業会計への繰出金は1.6％の増加にとどまっている。しかし医療系の3事業会計への繰出金は24.0％と大幅に増加している。介護保険事業会計への繰出金も20.1％も増加している。繰出金の膨張は、急速な高齢化の進展を主因とする医療給付費および介護給付費の急増であることが示されている。

　2005〜2010年度に経常収支比率は1ポイント低下した、90％ラインをわずかに下回ったが、分母に加算される臨時財政対策が倍増したことによるところが大きい。経常一般財源のみを分母にした比率は1.7ポイント上昇して97.6％となり、100％に近づきつつある。この期間における財政硬直化の主因は歳入の側にある。特に2000〜2005年度における経常収支比率の大幅な上昇は、「三位一体の改革」の一環としての地方交付税の大幅削減の影響を強く受けている。副次的要因としては、歳出側の扶助費と医療系と介護の事業特別会計に対する繰出金があげられる。

　比率をみるだけでは、財政硬直化の主因は明らかにならないのであり、歳入と歳出の金額の変化に注目する必要がある。比率だけに着目すると、財政硬直化に及ぼす国の地方財政対策の問題点が見過ごされ、人件費を中心とした自治体リストラのみが財政健全化政策として強化されることになる。財政硬直化は新規政策の余地を狭めるで、スクラップ・アンド・ビルドも必

要になる。この場合のスクラップとは、単なる施策の縮小・廃止ではなく、自治体の総合行政の強化、公民協働など新たなサービス供給形態の導入などにより、少ない財源で一定の政策効果を発揮する試みを含む。

6　東日本大震災に係る復旧・復興事業等と2011年度決算（速報）

　市町村の2011年度普通会計決算（速報）は52兆3,532億円で前年度比で1.4％の微増となった。2011年度については、東日本震災に係る復旧・復興事業及び緊急防災・減災事業に係る決算額を「東日本大震災分、全体の決算額から東日本大震災分を差し引いた額が「通常収支分」として示されている。歳出総額は東日本大震災分が1兆2,531億円であり、通常収支分51兆1,101億円で前年度比1.0％と微減になっている。

　市町村歳入（総額54兆1,384億円、前年度比1.7％増）の内訳をみておくと、地方税（18億4,360万円）は520億円増（0.3％増）で横ばいである。地方交付税（9兆546億円）は6,275億円増（7.4％増）であるが、震災復興特別交付税（3,267億円、皆増）を除いた額は8兆7,279億円、3,008億円増（3.6％増）である。国庫支出金（8兆671億円）は1,761億円増（2.2％増）である。投資的経費向けでは災害復旧事業費支出金（1,274億円）が1,035億円（433.1％）増加した半面、普通建設事業費支出金（5,341億円）が6,274億円（53.8％）減少している。主要な歳入科目で大幅に減少しているのは地方債である。地方債は4兆7,146億円で4,185億円、8.2％減少しているが、うち臨時財政特例債が2兆1,149億円で3,542億円（14.3％）も減少している。臨時財政特例債を除いた地方債は2兆5,997億円で、643億円減（2.4％減）にとどまる。

　東日本大震災分の歳入では、一般財源が5,096億円で34.7％、

国庫支出金が5,377億円で、それぞれ1/3前後を占める。一般財源の内訳は震災復興特別交付税3,267億円（構成比22.3％）、その他の一般財源1,829億円（12.5％）である。国庫支出金のうち投資的経費向けは、普通建設事業費支出金220億円（1.5％）、災害復旧事業費944億円（6.4％）である。都道府県支出金は2,845億円（19.4％）、地方債は707億円（4.8％）となっている。

通常収支分では、一般財源が29兆,192億円、1,157億円増（前年度比0.4％増）でほぼ横ばいである。国庫支出金は7兆5,294億円で3,616億円減（4.6％減）である。普通建設事業費支出金が6,444億円（55.7％）減少しており、その他は災害復旧事業費支出金（91億円増）など増加している。地方債は4兆6,439億円で、4,892億円減（9.5％減）である。一般財源の増加額を特定財源の減少額が上回り、歳入合計では5,689億円、1.1％の減になっている。

性質別歳出では、義務的経費は2.3％、「その他の経費」は8.9％増加した反面、投資的経費が7.6％減少している（表16参照）。「その他の経費」では、人件費と公債費の減少、扶助費の増加（6.5％）が続いている。「その他の経費」のうちでは、物件費が8.9％、積立金が8.5％と高い伸びを示している。投資的経費では、普通建設建設事業費が12.1％減少した反面、災害復旧事業費が336.4％も増加している。

東日本大震災分では、中心は投資的経費ではなく「その他の経費」であり、62.3％を占めた。物件費（23.6％）とならんで、東日本大震災復興関連基金への積立等のため積立金が25.1％と大きな割合を占めたことによる。投資的経費は29.8％で、災害復旧事業費が21.5％を占めた。

通常収支分だけをみると、投資的経費が普通建設事業費の大幅縮小により12.9％減少した。義務的経費の伸びは1.9％にと

表16 市町村の性質別歳出決算─2010～2011年度─

	実数（億円）				2011年度、増減率	
	2010年度	2011年度			計	通常収支分
		計	通常収支分	東日本震災分		
義務的経費	249,965	255,788	254,803	985	2.3	1.9
人件費	88,071	87,556	87,374	182	△0.6	△0.8
扶助費	101,893	108,473	107,674	799	6.5	5.7
公債費	60,001	59,759	59,755	4	△0.4	△0.4
投資的経費	70,603	65,229	61,528	3,701	△7.6	△12.9
普通建設事業費	69,663	61,247	60,214	1,033	△12.1	△13.6
うち補助事業費	28,614	25,662	24,948	714	△10.3	△12.8
単独事業費	38,693	33,741	33,443	298	△12.8	△13.6
災害復旧事業費	911	3,978	1,311	2,667	336.4	43.9
うち補助事業費	553	2,567	781	1,786	364.1	41.2
単独事業費	358	1,400	528	872	291.2	47.5
その他の経費	195,487	202,515	194,770	7,745	3.6	△0.4
物件費	60,737	66,149	63,216	2,933	8.9	4.1
補助費等	45,689	45,700	44,651	1,049	0.0	△2.3
積立金	14,792	16,051	12,930	3,121	8.5	△12.6
歳出合計	516,055	523,532	511,101	12,431	1.4	△1.0

	構成比（％）			
	2010年度	2011年度		
		計	通常収支分	東日本震災分
義務的経費	48.4	48.9	49.9	7.9
人件費	17.1	16.7	17.1	1.5
扶助費	19.7	20.7	21.1	6.4
公債費	11.6	11.4	11.7	0.0
投資的経費	13.7	12.5	12.0	29.8
普通建設事業費	13.5	11.7	11.8	8.3
うち補助事業費	5.5	4.9	4.9	5.7
単独事業費	7.5	6.4	6.5	2.4
災害復旧事業費	0.2	0.8	0.3	21.5
うち補助事業費	0.1	0.5	0.2	14.4
単独事業費	0.1	0.3	0.1	7.0
その他の経費	37.9	38.6	38.1	62.3
うち物件費	11.8	12.6	12.4	23.6
補助費等	8.9	8.7	8.7	8.4
積立金	2.9	3.1	2.5	25.1
歳出合計	100.0	100.0	100.0	100.0

注：2011年度の増減率は2010年度比。
出所：坂入倫之「平成23年度地方公共団体普通会計決算の概要（速報）について」『地方財政』2012年11月、127～128頁。

どまり、「その他の経費」は0.4％減少した。災害復旧事業費（43.9％増）を除くとほとんどの経費が減少する中で、扶助費が5.7％、物件費が4.1％増加しているのが目につく。

　目的別歳出では、災害復旧事業費が337.5％増加した（表17参照）。1/3を占める民生費は6.5％と増加率が高い。衛生費（3.5％増）、労働費（12.8％増）も高い伸びを示しており、福祉関係費の構成比が前年度の41.8％から43.6％へ上昇し、「福祉型」歳出構造へのシフトが続いている。対照的に土木費は5.9％、教育費は5.8％減少している。

　東日本大震災分では、大半が災害救助費の民生費が35.7％と1/3以上を占めている。震災復興関連基金への積立金が計上される総務費が25.7％、災害復旧費が21.5％で、以上の3経費で8割以上を占めている。通常収支では、災害復旧費が43.8％と高い伸びを示したが、その他の費目はほとんどが減少している。増加したのは消防費を除くと福祉関係費であり、増加率は3.8％になっている。民生費では、子ども手当を含む児童福祉費や生活保護費が増大した。衛生費では予防接種事業対策費が増加している。労働費は構成比が0.6％で少額であるが、緊急雇用創出事業費の増加により、9.9％と高い伸びを示している点が注目される。

　2011年度は東日本大震災に係る復興・復旧事業の初年度であり、積立金の比率が高く、投資的経費のウエイトは3割にとどまったが、2012年度以上は東日本大震災分の中心となろう。

　集団移転用地の取得難、沿岸から台地への移転に対する漁業関係者の不安等から生活関連や地場漁業・水産物加工などの復旧・復興事業には遅れが目立つ。一方、利用度が低いとの見込みから凍結されてきた三陸沿岸道路（仙台から八戸）等主要3幹線（224km）が「復興道路」の名目で予算化されるなど、大型公共事業が復活している。関連道路の整備や維持管理等で、

表17　市町村の目的別歳出決算― 2010～2011 年度―

	実数（億円）				2011 年度、増減率	
	2010 年度	2011 年度			計	通常収支分
		計	通常収支分	東日本震災分		
総務費	64,454	62,429	59,243	3,186	−3.1	−8.1
民生費	169,301	180,358	175,922	4,436	6.5	3.9
うち災害救助費	173	4,659	276	4,383	2,588.3	59.5
衛生費	43,180	44,684	44,446	238	3.5	2.9
労働費	2,868	3,234	3,152	82	12.8	9.9
農林水産業費	12,383	11,720	11,495	225	−5.4	−7.2
商工費	20,484	20,497	20,362	135	0.1	−0.6
土木費	64,067	60,299	59,960	339	−5.9	−6.4
消防費	16,512	17,100	16,748	352	3.6	1.4
教育費	56,495	53,201	52,488	713	−5.8	−7.1
災害復旧費	912	3,988	1,311	2,677	337.5	43.8
公債費	60,065	59,822	59,818	4	−0.4	−0.4
その他	5,334	6,200	6,156	44	16.3	15.4
歳出合計	516,055	523,532	511,101	12,431	1.4	−1.0

	構成比（％）			
	2010 年度	2011 年度		
		計	通常収支分	東日本震災分
総務費	12.5	11.9	11.6	25.6
民生費	32.8	34.5	34.4	35.7
うち災害救助費	0.0	0.9	0.1	35.3
衛生費	8.4	8.5	8.7	1.9
労働費	0.6	0.6	0.6	0.7
農林水産業費	2.4	2.2	2.2	1.8
商工費	4.0	3.9	4.0	1.1
土木費	12.4	11.5	11.7	2.7
消防費	3.2	3.3	3.3	2.8
教育費	10.9	10.2	10.3	5.7
災害復旧費	0.2	0.8	0.3	21.5
公債費	11.6	11.4	11.7	0.0
その他	1.0	1.2	1.2	0.5
歳出合計	100.0	100.0	100.0	100.0

注：2011 年度の増減率は 2010 年度比。
出所：坂入倫之「平成 23 年度地方公共団体普通会計決算の概要（速報）について」
　　　『地方財政』2012 年 11 月、127～128 頁。

地元自治体の財源は公共事業関連に喰われ、生活再建を財源面から制約する。

　生活再建を後回しにし、大型公共事業等を優先したのが、阪神大震災後の復興・復旧事業である。「創造的復興」をスローガンに開港にこきつけた神戸空港は、利用者数が需要予測を下回って低迷している。2700億円を投じた神戸市長田区の再開発エリアは、店舗が少なく、閑散とした「ゴーストタウン」と呼ばれている（以上、「東京新聞」2012年12月31日）。大型公共事業優先の阪神大震災に係る復興・復旧事業の二の舞は避けるべきである。

Ⅳ 自治体の福祉関係費

1 民生費の動向

1 目的別・性質別構成

　自治体の福祉関係費の中核を占める市町村・普通会計の民生費について、立ち入って検討しよう（表18参照）。性質別構成では、1990年には扶助費が44.9％で最も高く、人件費23.1％、繰出金11.8％の順であった。介護保険がスタートした2000年度には繰出金の比率が21.3％に上昇し、扶助費が42.7％へ、人件費が17.7％へ低下した。2000～2005年度には繰出金の比率が23.2％へ上昇を続けた。構成比の変化が大きいのは扶助費と人件費である。扶助費の比率が50.3％へ7.6ポイント上昇する一方で、人件費の比率は13.4％へ4.3ポイント低下した。少子化対策として加速化した保育所整備が公立ではなく、社会福祉法人立として行われたことが影響している。2005～2010年度には子ども手当の創設や生活保護率の上昇により、扶助費の割合が58.3％まで上昇し、他の経費の比率が低下している。

　1990年度と2010年度を比較すると、人件費の比率が13.8ポイントと大幅に低下し、普通建設事業費の比率が5.0ポイント低下している。保育所を中心とする福祉施設の設置主体が自治体から民間へシフトしたことを反映している。一方、比率の上

表 18 市町村の民生費の内訳— 2010〜2011 年度—

			1990	1995	2000	2005	2010
実数 (百万円)		民生費計	6,243,554	6,501,665	10,454,721	12,813,515	17,002,698
	目的別 内訳	社会福祉費	1,571,780	2,439,723	2,919,827	3,363,613	3,963,439
		老人福祉費	1,436,079	2,681,201	2,427,404	2,681,784	3,176,285
		児童福祉費	2,004,279	2,575,349	3,217,282	4,177,219	6,461,406
		生活保護費	1,227,205	1,436,597	1,873,119	2,573,394	3,384,067
		災害救助費	4,212	368,794	17,189	17,504	17,501
	性質別 内訳	人件費	1,440,899	1,816,928	1,849,415	1,720,654	1,577,498
		物件費	376,888	928,536	706,271	728,782	748,477
		扶助費	2,804,276	4,104,400	4,460,374	6,440,259	9,909,571
		補助費等	264,517	443,991	537,589	534,468	598,977
		普通建設事業費	479,891	742,048	588,261	333,736	456,566
		貸付金	40,826	159,219	47,112	38,927	25,367
		繰出金	736,652	1,245,273	2,222,303	2,977,988	3,646,480
		その他	99,605	61,270	43,396	38,701	39,756
	財源内訳	国庫支出金	1,654,027	2,413,491	2,620,493	3,518,075	5,573,153
		都道府県支出金	510,104	791,273	848,160	1,038,150	1,816,757
		使用料、手数料	193,711	232,115	247,250	267,411	239,888
		分担金、負担金等	228,340	412,984	314,773	325,790	357,520
		地方債	113,111	417,148	185,410	93,666	102,223
		その他の特定財源	178,808	260,037	279,037	216,129	192,073
		一般財源等	3,365,453	4,974,677	5,959,598	7,354,294	8,721,084
構成比 (%)		民生費計	100.0	100.0	100.0	100.0	100.0
	目的別 内訳	社会福祉費	25.2	25.7	27.9	26.3	23.3
		老人福祉費	23.0	28.2	23.2	20.9	18.7
		児童福祉費	32.1	27.1	30.8	32.6	38.0
		生活保護費	19.7	15.1	17.9	20.1	19.9
		災害救助費	0.1	3.9	0.2	0.1	0.1
	性質別 内訳	人件費	23.1	19.1	17.7	13.4	9.3
		物件費	6.0	9.8	6.8	5.7	4.4
		扶助費	44.9	43.2	42.7	50.3	58.3
		補助費等	4.2	4.7	5.1	4.2	3.5
		普通建設事業費	7.7	7.8	5.6	2.6	2.7
		貸付金	0.7	1.7	0.5	0.3	0.1
		繰出金	11.8	13.1	21.3	23.2	21.4
		その他	1.6	0.6	0.3	0.3	0.2
	財源内訳	国庫支出金	26.5	25.4	25.1	27.5	32.8
		都道府県支出金	8.2	8.3	8.1	8.1	10.7
		使用料、手数料	3.1	2.4	2.4	2.1	1.4
		分担金、負担金等	3.7	4.3	3.0	2.5	2.1
		地方債	1.8	4.4	1.8	0.7	0.6
		その他の特定財源	2.8	2.8	2.6	1.7	1.1
		一般財源等	53.9	52.4	57.0	57.4	51.3

注：財源内訳の分担金、負担金等には寄附金が含まれる。
出所：『地方財政白書』1992 年〜2012 年版。

昇が 13.4 ポイントと大幅なのは扶助費であり、①福祉施設の設置主体のシフト、②（旧）児童手当の給付改善と子ども手当の創設、③高齢化とワーキング・プアの急増による生活保護世帯の急増が主な要因である。繰出金の比率も 9.6 ポイント上昇している。高齢化に伴う医療費の増大と介護給付費の膨張の影響を受けている。

　目的別歳出構成をみると、老人福祉費の比率は 1990〜1995 年度に最も大幅な上昇を示したが、介護給付の主体が普通会計から介護保険事業会計へ移行したのに伴い、低下に転じている。対照的に児童福祉費の比率は 1990〜1995 年度には大幅に低下したが、以後は少子化対策の積極化により上昇に転じ、1995〜2000 年度には子ども手当の創設により一挙に 5.4 ポイント上昇している。生活保護費の比率は 1995 年度の 15.1％ へ低下した後、2005 年度・2010 年度の 20％ 前後まで高まっている。社会福祉総務費の比率は 2000 年度の 27.9％ から 2010 年度の 23.3％ まで上昇している。2000 年代に入ると、児童福祉費と生活保護費が民生費の主な膨張要因であることがわかる。

　民生費の財源内訳では、一般財源等が過半を占め、国庫支出金が 1/4 を占める。2005〜2010 年度には国庫支出金の比率が 27.5％ から 32.8％ へ高まり、一般財源等の比率が 57.4％ から 51.3％ へ低下した。2010 年度に（旧）児童手当よりも国の負担割合が高い子ども手当が導入されたことによる。

2　社会保障の単独事業費

　自治体の福祉関係費の単独事業費が浮上したのは、「社会保障・税の一体改革」の政策決定過程においてであった。単独事業費とは、国費を財源としない経費である。国庫支出金が都道府県に交付され、都道府県を通じて市町村に交付される「間接

補助」の場合には、市町村の財源内訳には都道府県支出のみが現れ、国庫支出金はゼロと表示される。間接補助の場合の都道府県支出金は、「国費を伴うもの」であるので、単独事業費となる。「都道府県費のみ」の都道府県支出金が市町村に交付される場合は単独事業費となるが、都道府県補助事業である。従って市町村の単独事業費のうち、国または都道府県の補助事業を除く厳密な意味での単独事業に係る経費は一部である。

　菅首相は、財務相時代から「ギリシャ危機」の教訓を理由とした財務省の消費税増税による財政再建戦略に組み込まれた。民主党政権の第2代首相に就任した菅直人が、2010年7月11日の参議院選挙を前に、社会保障の強化の方向について示すことなく、財政再建最優先の立場から消費税率の10％への引き上げを提起した結果、民主党は参議院選挙で大敗し、衆議院と参議院のねじれ状態を招いた。そこで菅首相は消費税の大幅増税を合理化するために、改めて「社会保障・税一体改革」という議論の枠組みを設定した。2010年10月に政府・与党社会保障改革検討本部（本部長＝菅首相）を設置、1月以降、集中検討会議で議論を加速化した。2011年2月、与謝野経財相が消費税率引き上げに際しての地方への配分比の上乗せについて否定的な考えを示したことから、全国知事会は臨時の会合を開き、集中検討会議に地方の意見が反映されるよう、政府に対して文書で要請した。消費税増税分は社会保障費の国費分に充当されることになっており、自治体の単独事業費向けには配分されないからである。しかし地方団体の要請は受け入れられなかった。

　消費税率10％への引き上げ案が、菅首相、与謝野経財相、野田財務相ら一部の幹部の密室による協議で決定されたことから、成案のとりまとめにむけて、民主党内の消費増税反対派や総務省・地方六団体などから強い反発が生じた。

　6月13日の「国と地方の協議の場」（議長＝枝野官房長官）

の初会合が開かれ、国が社会保障・税一体改革原案について説明した。地方団体は、消費税の使途が国費を充当する事業（地方歳出では国庫補助事業）に限定されている点を批判し、「地方の意見が取り入れられていない」と反対の意向を表明した。同日、片山総務相は政府・与党の成案決定会合で、社会保障の地方単独事業費が2015年度に約9.2兆円に達するとの試算を明らかにしている。「国と地方の協議」は国・地方関係を見直す地域主権関連3法（2010年4月成立）に基づき設置されたものであり、国レベルの政策決定に地方自治体が公式に参加する場として意義深いものがある。自治体側の意見を聴かないままに国が策定した案について、取りまとめ期限を予め決めた上で協議するやり方では、国・地方が対等の立場に立っているとはいえない。

　6月30日に決定された一体改革「成案」では、地方団体の主張が取り入れられ、「社会保障給付にかかる現行の費用推計については、そのベースとなる統計が基本的に地方単独事業を含んでおらず、今後、その全体状況の把握を進め、地方単独事業を含めた社会保障給付の全体像及び費用推計を総合的に整理する」とされた。

　総務省は、2011年11月10日、11月17日に開催される第1回「国と地方の協議の場」分科会に先立って、総務省の地方単独事業調査結果を公表した（表19参照）

　総額は6兆2,210億円であるが、乳幼児医療助成（義務教育就学後分）、敬老祝金等敬老事業、子ども手当（職員分）、人件費（本庁分）、投資的経費、貸付金・積立金、公害関係、環境衛生関係、災害救助関係、厚生労働省が集計・公表している社会保障給付費に計上されている事業は除外されている。都道府県は1兆5,485億円、市町村は4兆6,725億円で、都道府県が1/4、市町村が3/4という配分になっている。市町村の単独事

表 19　地方単独事業調査結果― 2010 年度―

億円／％

	支出額			構成比		
	地方負担			地方負担		
		都道府県	市町村		都道府県	市町村
総合福祉	2,142	499	1,643	3.4	3.2	3.5
医療	26,978	7,513	19,465	43.4	48.5	41.7
介護・高齢者福祉	7,088	956	6,132	11.4	6.2	13.1
子ども・子育て	17,200	3,383	13,817	27.6	21.8	29.6
障害者福祉	5,833	2,556	3,277	9.4	16.5	7.0
就労促進	588	341	247	0.9	2.2	0.5
貧困・格差対策	2,381	237	2,144	3.8	1.5	4.6
合　計	62,210	15,485	46,725	100.0	100.0	100.0

出所：星野菜穂子「社会保障の地方単独事業――一体改革での含　意―」地方自治総合研究所『検証　社会保障・税一体改革』2012 年、214 頁。

　業費について分野別構成をみると、医療は 41.7％ で最も高く、子ども・子育て支援 29.6％ でこれに次ぎ、この 2 つの分野で 7 割強を占めている。

　一般財源等の充当先から社会保障・単独事業費の事業別内訳をみると、政令指定都市を除く市町村では公立保育所が 14.9％ で最も比率が高く、私立保育所（3.0％）を合わせると、認可保育所関連で 2 割弱を占める（表 20 参照）。国民健康保険、後期高齢者医療、介護保険はそれぞれ 10％ 前後を占め、医療・介護関連で 3 割強を占める。

　12 月 12 日に開催された第 4 回分科会において、内閣官房・総務省・財務省・厚生労働省の 4 省は、消費税増税分の使途となる「社会保障四経費」（年金、医療、介護、子ども・子育て支援）の給付費に該当するかどうか等を基準に、社会保障・単独事業費を整理することで合意した。12 月 29 日に開催された第 5 回分科会では、4 省連名で「地方単独事業の総合的整理」

表20　社会保障・単独事業費に充当された一般財源等の事業別構成

%

都道府県		政令指定都市		市町村	
医療	56.9	医療	43.9	医療	45.3
国民健康保険	12.0	国民健康保険	12.8	国民健康保険	11.1
公立病院	11.4	後期高齢者医療	7.4	後期高齢者医療	10.0
後期高齢者医療	10.1	公立病院	3.9	公立病院	7.0
障害者医療助成	6.1	障害者医療助成	3.1	障害者医療助成	3.1
保健所	5.3	予防接種	3	予防接種	3.0
乳幼児医療費助成	3.4	乳幼児医療費助成	2.8	乳幼児医療費助成	2.2
介護・高齢者福祉	12.2	介護・高齢者福祉	12.7	介護・高齢者福祉	16.2
介護保険	8.1	介護保険	6	介護保険	9.5
子ども・子育て	17.1	子ども・子育て	30.2	子ども・子育て	27.1
子ども・子育て団体補助	4.2	公立保育所	11.3	公立保育所	14.9
私立幼稚園	2.8	私立保育所	5.7	私立保育所	3.0
私立保育園	2.2	準要保護児童助成	1.7	公立幼稚園	2.8
		公立幼稚園	1.6	準要保護児童助成	1.5

出所：表19と同じ、216頁。

が示され、地方団体が合意した。総務省がまとめた単独事業6.2兆円のうち社会保障分野は5.5兆円、うち厚生労働省が「社会保障四経費」に該当するとした3.8兆円に、地方団体の意見を容れて、①予防接種、②がん検診、③乳幼児医療、④老人保護費措置費等を「則った範囲」として0.5兆円加算し、4.3兆円とした。そのうち給付分は事務職員の人件費を除外して80％とした。給付分のうち消費税増税分が充当されるのは、「制度として確立した」ものである。厚生労働省が主張した「法令により義務付けられた事業」だけではなく、地方団体側が主張した「全国的に実施されている事業」も含むこととし、標準的行政水準の基準となる地方財政計画や地方交付税の基準財政需要額（必要一般財源の75％）をメルクマールとして75％について充当することとした。

　その結果、消費税増税分が充当される社会保障・単独事業費は4.3兆円×80％×75％で2.6兆円と算出された。国と地方の

支出分担は、国直接支出23.1兆円、地方分10.3兆円（補助事業7.7兆円、単独事業2.6兆円）、国分69.2％対地方30.8％となる。消費税増税5％をこの支出分担で配分すると国分3.46％、地方1.54％となる。地方分1.54％の配分は地方消費税率（消費税率換算）1.20％、（現行1.00％）、地方交付税原資0.34％（現行1.18％）とする。

　第5回分科会で合意された消費税増税分の国・地方間配分は2012年1月に閣議報告・了承された一体改革「素案」に盛り込まれ、2012年2月に閣議決定された一体改革「大綱」、地方消費税の一部改正法案と地方交付税法一部改正法案提出を経て、8月に成立した。

　消費税増税分の国・地方間配分では、消費税率換算の地方交付税原資が現行の5％分から増税の5％分では大幅に低下するのが注目される。2016年度以降の地方交付税率は現行の29％から19.5％に低下するため、地方交付税配分後の消費税の配分は、現行の国56.4％対地方43.6％から国62.8％対地方37.2％に変更される。分権改革における国から地方への「税源移譲」の流れに逆行する税収配分の「国集中」が進むことに留意しなければならない。

3　自治体の独自施策

　「社会保障・税の一体改革」の政策決定過程における社会保障費・単独事業費をめぐる論議で明らかになったのは、単独事業費といえども、医療・介護や認可保育所など補助事業とリンクした事業に係る経費が大半であるという点である。国の補助事業あるいは法令により義務づけられた事業以外の自治体の独自施策に係る単独事業費は、敬老祝金など零細なものが多い。

　補助事業とリンクして単独事業費が支出されるのは、国の補

助基準の枠内では住民ニーズに対応した給付・負担水準に達しないからである。保育所では、保育料を厚生労働省基準未満で徴収した場合の差額は、単独事業費に計上される。職員配置、保育時間等で給付水準が厚生労働省基準を上回った場合に生じる「超過負担」（実支出額と補助基準額との差額）も単独事業費に計上される。

　自治体の福祉関係費の多くは補助事業の地方負担額として支出されてしまう。さらに単独事業費の多くは、国の補助事業とリンクした経費である。従って社会保障分野における自治体の独自性は、主に次のような面で現れる。
① 　補助事業である認可保育所等社会福祉施設の整備をどの程度進めるか。設置と運営で直営にするか民営にするか。
② 　認可保育所等の社会福祉施設の給付・負担水準を厚生労働省基準からどの程度充実させるか。
③ 　老人医療・介護等のどのような供給システムを選択するか（病院・特養など施設への依存度、在宅療養・介護を支えるシステムの整備水準、家族依存の大きさなど）。
④ 　乳幼児医療費の無料化（自己負担分の公費負担）を何歳まで適用するか、
⑤ 　様々な分野において給付と負担の両面で導入されている低所得者対策をどのように設計するか。

　単独事業といえども全国で実施され、「標準的行政」になっているとみなされる事業は、地方交付税などで国による財源措置が行わる。他方、個別自治体の独自施策は、留保財源（基準財政収入額に算入されない標準税収入の25％）または自主課税権（超過課税、法定外税の導入）の行使による財源調達に依存する。

　財政力指数が高い自治体では、人口１人当たり留保財源が大きいため、独自施策の財源的基礎は強い。例えば乳幼児医療費

無料化の対象年齢は義務教育前までとする自治体が多いが、財政力が高い自治体では義務教育終了前までとしており、特に富裕な東京都都心区には18歳までとしている自治体もある。ただし地価が高い特別区など大都市圏中心部においては、財政力が高い自治体といえども、施設福祉（保育所、特別養護老人ホーム、老人保健施設）の整備水準は高いとはいえない。

懸念されるのは、「社会保障・税の一体改革」では、消費税増税による社会保障の安定財源確保を標榜しながら、対象が「社会保障四経費」に限定されていることである。「社会保障四経費」に含まれない貧困・格差対策が生活保護費、就労支援策などで膨張している。先述した通り、総務省調査による社会保障の単独事業費5.5兆円のうち「社会保障四経費」に該当するとされたのは3.8兆円にすぎない。消費税が増税されたとしても、住民ニーズに対応した福祉関係の独自施策の財源が十分に確保される見通しが立っているとはいえない。

V 自治体の福祉関係費の新たな政策領域

1 「子ども・子育て新システム」

　「社会保障・税の一体改革」は、消費税増税による財政再建が主な狙いであり、社会保障は消費税増税への国民の反発を和らげるためのカムフラージュである。消費税率5％引き上げのうち、3％分は財政赤字の削減に使われるのであり、社会保障の充実に向けられるのはネットでわずか1％分（2015年度に充実分約3.8兆円、重点化・効率化による削減分約1.2兆円、差引約2.7兆円）にすぎない（町田俊彦「社会保障と税の一体改革」神野直彦・星野泉ほか編著『よくわかる　社会保障と税制改革』イマジン出版、2012年、178～194頁を参照のこと）。社会保障の抜本改革は法案提出までに、あるいは3党合意で先送りされた。唯一法案が成立した分野は、「子ども・子育て新システム」のみであるといってよい。

　スウェーデンやイギリスなどでは、幼稚園と保育園の一元化（幼保一元化）が、所管官庁の一本化と幼児教育施設と保育施設の一体化を柱として進められた。その狙いは、人的資源を涵養するために、就学前教育を親の就業形態にかかわりなく平等に行うというものである。OECDは2011年に刊行した『OECD保育白書』において、乳幼児に対する政策と制度の分断の問題点を指摘し、中央レベルでの協調的な政策枠組みと主幹官庁の指定、中央政府と地方政府の協調などを提言しており、

幼保の一元化は先進国共通の政策課題になっている。
　日本においてもこうした先進国における幼保一元化の流れにのって幼保一元化を進めようとしているのは、「子ども・子育て支援新システム」である。日本の取り組みの特徴は次の点にある。
　①　親の就業形態にかかわりない平等な就学前教育の充実という理念は弱く、少子化対策の中核を占める保育所整備の促進、特に待機児童対策として進められている。
　②　所管官庁の一元化は行われず、縦割の行政の下で幼保一体化施設の整備に偏っている。
　③　スウェーデンなどで進められた財政レベルの分権化を伴っていない。

「子ども・子育て新システム」に至る経緯をみると、1996年12月の地方分権推進委員会第1次勧告において「幼稚園・保育所の施設の共用化等弾力的な運用を確立する。」ことが求められ、1998年に共用化に関する指針が出された。共用化施設は2000年代に急速に増大した。2001年3月の規制緩和3カ年計画に基づく構造改革特区制度が導入され、「幼稚園と保育所の一元化」が規制改革の重点検討事項に取り上げられた。幼保一体化に関する特区認定が保育所について35市町村に対して、幼稚園について1県36市町村に対して行われた。2003年12月の「規制改革の推進に関する第3次答申」に基づく試行事業としての総合施設モデル事業に全国35施設が選ばれた。
　同事業の評価を踏まえた「就学前保育等促進法案」が2006年6月に成立し、同年10月に「認定こども園制度」が実施された。認定こども園は幼保一体化施設であり、①幼保連携型、②幼稚園型、③保育所型、④地方裁量型の4つの類型が設定された。政府は認定こども園の目標を2014年までに2,000園としているが、2011年で762園と実績は目標を大幅に下回って

いる。その理由としては、財政支援が不十分なことと省庁の縦割りによる事務の複雑さ等があげられている。

「子ども・子育て新システム」につながる検討は、自公政権末期に厚生労働省に設置された社会保障審議会少子化対策特別部会（2007年12月設置）でスタートし、2009年2月に第1次報告が出されが、政権交代により最終報告には至らなかった。新たな子育て支援の検討では、新たな包括的・一元的システムが提起されており、民主党政権下でまとめられた新システムの骨格は自公政権下でつくられたといえる。予想される消費税率引き上げによる増収分の一部を少子化対策に導き入れるには、既存のシステムでは説得力に乏しく、幼保一体化施設への移行を主軸とする新システムへの転換を提起することが不可欠であるという認識に基づいている。この認識は、新システムが消費税増税を柱とする「社会保障・税の一体改革」の中で法案化する作業さらに3党合意にも継承されたのである。

民主党政権下では2010年1月に内閣府に設置された「子ども・子育て新システム」検討会議で検討が進められ、2012年3月の少子化社会対策会議の決定を経て、3法案の国会提出に至った。法案の中核は幼保一体化施設・「総合こども園」の創設であり、保育所については公立では3年以内、私立では10年以内の総合子ども園への移行を義務付けた。私立幼稚園団体の反対により、幼稚園は3歳児未満の受け入れの義務付けは見送られ、総合子ども園への移行は実質的に義務付けられていない。

第2に、現行の保育制度のサービス供給では「保育に欠ける」要件による選別主義で行われているが、保育が必要な子どもに例外なく提供する普遍主義に転嫁する。保育の必要性を客観的にみる「認定証明書」と保育の必要時間を利用者ごとに決める「保育保障上限量」を市町村が認定し、サービス供給は利用者が施設と契約する「直接契約」として行う。ただし実際に

は市町村が入所選考を行う仕組みであり、保育料は国が定める「公定価格」で、入所選考・保育料に関しては現行制度とあまり変わらない。

　第3に各省所管の国庫補助負担金を一元化し、共通したシステムへ移行する。民主党政権は当初「子ども家庭省」の設置による幼保一元化を目指したが、文部科学省、厚生労働省等の反対で見送られた。文部科学省と厚生労働省の関与を残した上での関連する事務の内閣府・内閣府特命大臣による所管と国庫補助負担金の一元化という形で決着した。「総合こども園」、幼稚園、保育所などを対象とする「こども園給付」とともに、一時保育、保育ママなど多様なサービスを対象とする「地域型保育給付」の設定し、国庫補助負担金の対象を拡大した点が注目される。

　「子ども・子育て新システム」を盛り込んだ子ども・子育て支援関連法案」は、野党の自民党・公明党の反対を受けた3党合意により廃止され、既存の「認定こども園法」の改正という形で修正された。重要な修正は、幼保一体化施設の名称が「総合こども園」から「認定こども園」に戻っただけではなく、幼保一体化施設への保育園の移行が強制ではなく、努力義務となり、認定こども園、幼稚園、保育園の並立が固定化されることになった点である。こども園給付は「施設型給付」に改称され、民間保育所は従来通り、児童福祉法第24条に則り、市町村から委託費として支払うことになったことも、3施設の固定化につながる修正である（表2参照）。

　一方、法案修正により、前述の普遍主義への転換と対応した措置は修正を受けていない。各省所管の国庫補助負担金の一元化と共通したシステムへ移行は、対象が一体化施設、公立保育所、施設型給付としての確認を受けた幼稚園に狭まったとはいえ、継承されている。

資料2 施設型給付の創設

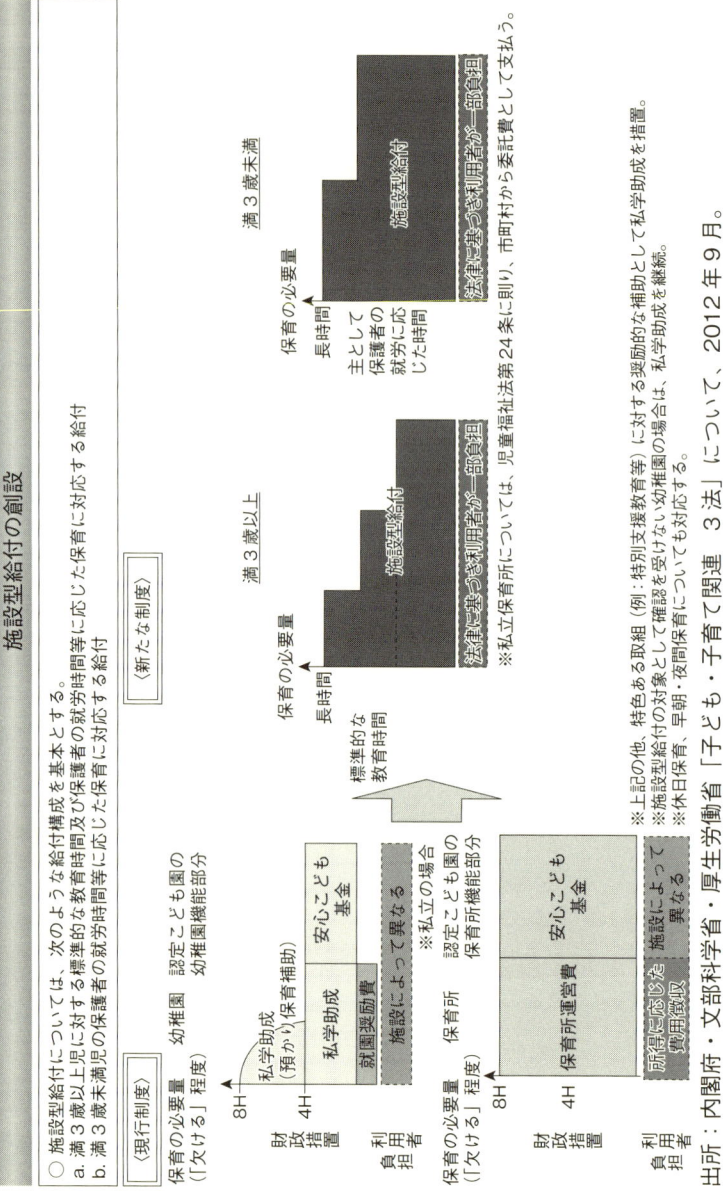

施設型給付の創設

○ 施設型給付については、次のような給付構成を基本とする。
a. 満3歳以上児に対する標準的な教育時間及び保護者の就労時間等に応じた保育に対する給付
b. 満3歳未満児の保護者の就労時間に応じた保育に対する給付

〈現行制度〉

保育の必要量（「欠ける」程度）

認定こども園　幼稚園機能部分
幼稚園

8H
私学助成（預かり保育補助）
4H　私学助成　就園奨励費

利用者負担　財政措置

認定こども園　保育所機能部分
保育所　※私立の場合

8H
施設によって異なる　安心こども基金
4H　保育所運営費　安心こども基金

所得に応じた応能徴収　利用者負担

〈新たな制度〉

満3歳以上

保育の必要量

長時間
標準的な教育時間

法律に基づく利用者負担が一部負担
施設型給付

満3歳未満

保育の必要量

長時間
主として保護者の就労に応じた時間

法律に基づく利用者負担が一部負担
施設型給付

※私立保育所については、児童福祉法第24条に則り、市町村から委託費として支払う。

※上記の他、特色ある取組（例：特別支援教育等）に対する奨励的な補助として私学助成を措置。
※施設型給付の対象として確認を受けない幼稚園の場合は、私学助成を継続。
※休日保育、早朝・夜間保育についても対応する。

出所：内閣府・文部科学省・厚生労働省「子ども・子育て関連3法」について、2012年9月。

給付事業者の決定が修正前の市町村による「指定制」から都道府県による「確認制」へ修正されたことにより、実施主体としての市町村の権限は大幅に後退したにもかかわらず、新システムでは市町村に「市町村子ども・子育て支援計画」の策定の義務づけは残っている。
　従来は、「保育に欠ける」が要件で、要件からみて優先順位が高いと考える保護者が保育所の募集定員をみながら申し込みを行ってきた。大都市ではこの顕在化した保育ニーズの背後には一定の潜在的ニーズがある。保育所が整備されても潜在的ニーズが顕在化するため、待機児童が減らないという事態が生じていた。
　普遍主義に転換し、保育についても介護認定に似たニーズの把握が行われる。その結果、「潜在的保育ニーズ」が一挙に顕在化することにより、施設整備の必要性は大幅に高まるので、計画的な整備とそれを支える十分な国の財政措置が不可欠になる。供給システムのうち市町村が独自に決定できる公立保育所と公立幼稚園の一体化施設「認定こども園」への移行、地域型保育給付の対象となった多様な保育サービスの拡大などについて、2015年度からの新システムの導入に向けて、自治体では方針決定を急ぐ必要がある。
「市町村子ども・子育て支援計画」の策定にあたっては、待機児童解消という緊急の課題から判断するだけではなく、幼保一元化についてヨーロッパ先進国や『OECD保育白書』で共有されている理念（人的資源の涵養のための就学前教育の重視、親の就業形態にかかわりのない平等な就学前教育・保育サービスの提供）を踏まえること緊要である。
　日本における幼保一体化施設の最先進事例としての北須磨保育センター（神戸市、1971年開所）は、「保育一元化」の理念による子どもの教育・保育の平等化と女性の就労権利の擁護、

Ⅴ　自治体の福祉関係費の新たな政策領域

保育士と幼稚園教諭の研修・待遇の平等化と連携などを掲げ、公立ではじめての合築型一体化施設として開所されたあまだのみや幼稚園（大阪府交野市、1972年開所）にも影響を及ぼした。旧厚生省と旧文部省による二元的管轄による制約を受けつつも、首長の強いリーダーシップの発揮により実現した幼保一体化施設の日本の最先進事例は、現在の子ども・子育て新システムよりも、はるかに豊かな論議の土壌で進められたのである。

2 都市自治体の就労支援策

就労支援策は、労働部局が中心となって実施する雇用政策と生活保護や障害者福祉における自立支援の二つの政策から成る。自治体が主体となった固有の意味の（産業政策に埋没する雇用開発や対象療法としての雇用対策以上の）地域雇用政策は長らく不在であったという。地域雇用政策が積極化する契機となったのは第1に分権改革である。2000年4月以降の一括法の施行による分権改革では、職安法第9条の改正により、地方事務官制度が廃止された。職業安定業務に携わる職員は国家公務員に統一されて、労働省（現在は厚生労働省）の出先機関として府県労働局が設置された。こうして府県行政における雇用労働部局の権限が縮小する一方で、2000年4月に改正された雇用対策法では、第3条の2（現行第5条）が「地方公共団体は、国の施策と相まって、当該地域の実情に応じ、雇用に関する必要な施策を講じなければならない」と新設された。雇用対策法改正により、地域雇用政策の主体として、従来からの府県に加えて市町村も法的に認められた。

第2に職業安定法改正により自治体へ無料職業紹介事業を解禁した。2004年度から地方自治体による無料職業紹介機関の設置が相次ぎ、2009年11月現在で138カ所にのぼった。医師

確保、農林業振興、UIJ ターン、定住促進、産業・企業支援、就業困難者支援、若年者就労支援、中高年就労者支援など、地域での固有の課題に対応させて、ハローワークではカバーしきれない対象者への紹介活動が始まりつつある。

　第3に、地域を対象とした国の雇用政策が、地域雇用創出特別基金事業（2001～04年度）、リーマン・ショック後の緊急雇用創出事業、ふるさと雇用再生特別基金事業と展開した。

　先駆的自治体に限らず全国の自治体が取り組んできた地域雇用政策は、こうした国費を財源とした基金を活用した雇用政策（以下、雇用創出基金事業と呼ぶ）である。

　2008年のリーマン・ブラザーズの破綻を契機とする世界金融危機・世界同時不況と小泉政権の構造改革による格差・貧困の拡大の下で、参議院選挙の敗北に見舞われた自公政権は「生活」に視点を置いた政策を展開せざるをえなくなった。麻生政権は2008年11月、「生活対策」において、安定的な雇用機会を創出するために、「ふるさと雇用再生特別事業」を実施することとし、補正予算（第2号）で2,500億円を計上、都道府県に交付した。さらに12月19日、「生活防衛のための緊急対策」を決定、緊急一時的な雇用・就業機会の創出による再就職支援対策として「緊急雇用創出事業」を実施することとし、補正予算1,500億円を計上した。2009年4月の「経済危機対策」の一環として2009年度補正予算（第2号）で3,000億円が積み増しされ、計4,500億円となった。

　民主党は政権を獲得すると、2009年度補正予算で導入された時限的な緊急人材育成事業（雇用保険失業給付を受給できない者への職業訓練・訓練期間中の生活支援のための給付－単身者月10万円、扶養家族を有する者月12万円）を2011年度から求職者支援制度として恒久化するなど雇用対策を積極化した。

　一方、地域雇用政策については、当初は自民党政権下で実施

されてきた時限的な第3次雇用創出事業の枠内で運用改善と事業費の上積みを図ったにすぎない。2009年12月には「重点分野雇用創出事業」を創設、地域雇用政策が積極化した。2009年度補正予算で緊急雇用事業に係る都道府県の基金の1,500億円積み増しが計上された。さらに2010年9月の「新成長戦略実現に向けた3弾構えの経済対策」において予備費1,000億円を積み増し、さらに2010年度補正予算1,000億円、2011年度補正予算（第1号、第3号）で4,010億円積み増し、予算額は計7,510億円になった。

「福祉から就労」へというワークフェア、特にアメリカ型の就労による稼得を強く義務付けるワークファーストの考え方が強まり、生活保護や障害者福祉の領域で自治体の就労支援策への期待が高まった。特に2000年代半ばからの地方財政危機の深刻化が重要な契機となった。「三位一体の改革」における国からの税源移譲額を大幅に上回る財政移転（地方交付税。国庫支出金）の削減により、自治体の財源不足は一段と深刻化した。リーマン・ショック後の雇用情勢の悪化を契機とする生活保護世帯の増加により、経済的自立を重視する「自立支援」の政策が強化された。一般の雇用者の場合と同様に、国のハローワークによる雇用の受給調整では十分に対応できず、自治体による雇用創造、職業訓練、無料職業紹介所による受給調整といった自治体の雇用政策の積極化が求められるようになった。さまざまな生活上の困難に直面している人に対し、個別的・継続的・包括的（横断的）に支援を実施する内閣府・厚生労働省によるパーソナル・サポートモデル事業が、2010年度に全国5地域でスタートし、2011年度には19地域が採択された。

就労支援策のほとんどは、国費（雇用創出事業は都道府県を通じる間接補助）を財源としているが、雇用創出事業についての「一時的雇用（つなぎ雇用）」といった枠組みは設定されて

いるものの、事業の内容については都市自治体の裁量の幅が大きい。そこで先進自治体では、それぞれ特徴的な事業は展開している。

いくつかの代表的事例を紹介しよう。中小企業の集積がみられる大阪府豊中市の就労支援政策では、商工労働行政を通じてつくられてきた中小企業や商工会議所とのつながりを重要な社会的資源とし、雇用労働部門が福祉部門と連携して中核的な役割を果たしているのが特徴的である。豊中市のＡ　雇用・就労支援事業は「豊中版ハローワーク」を重点プロジェクトとして、全国的にみても先進的な取り組みを行っている。

中核となっているのは、地域就労支援センターと無料職業紹介所である。従来のハローワーク等の受給調整機関では、求職者自身が自らの職歴や職業能力、興味・価値観、その他通勤や家族状況など、働き続けるための要素や条件に照らしながら、希望する職種・企業を見極めることを前提としている。豊中市の地域就労支援センターは、就職活動や就職の実現を行うことが困難で何らかのサポートを必要とする就職困難者を支援している。無料職業紹介所は、ハローワークと同様に、求職者にとっては、求人ニーズに対応する市の窓口となっている。特徴的なのは、求人等を開発し、マッチングするだけではなく、定着支援まで行おうとしていることである。

就労継続・定着は当該企業と連携・協力しなければ効果的な支援ができない。定着支援では、豊中市独自の取り組みとして商工会議所と協力して企業内ジョブコーチ養成を行う豊中版ジョブライフサポーター養成講座を開催している。経営者には「メンタルヘルスサポートと障害者雇用をめぐる労務人事の改善は重なっており、働きやすい、生産性の高い職場づくりに利用してほしい」と受講者を派遣してもらっている。

地域就労支援センターと無料職業紹介所を中心とする豊中市

の雇用・就労支援事業では、「中間的就労事業」の取り組みを通じて、福祉部門との連携を強化している。「豊中版パーソナル・サポート（PS）」、生活保護受給者等の長期離職者支援としての生活保護者等就労支援事業等である。雇用労働部門との連携が福祉部門の「自立支援」を支えるとともに、福祉部門の財源が雇用労働部門の財源を強化するというプラス効果が発揮されている

　就労支援の手法で特徴的なのが「静岡方式」である。法務省職員としての少年院教官を前職とする静岡大学の津富宏教授は、2002年に任意団体を、2004年に「NPO法人就労支援ネットワーク静岡」を立ち上げた（津富宏『若者就労支援「静岡方式」で行こう―地域で支える就労支援ハンドブック―』クリエイツかもがわ、2011年を参照のこと）。

「静岡方式」の特徴は、通常の就職困難者への就労支援で行うような相談・カウンセリング、具体的な就職スキルに関する教育（履歴書の書き方、採用面接の受け方など）、擬似的な職業訓練・仕事訓練を行ってから就職活動の支援を行うといった少しずつステップを踏むことをしないことである。4回の集合セミナー（約3カ月）を経ただけで、すぐに就労体験を行ってもらう。「支援のための場」で行う擬似的な職業訓練・仕事訓練は「畳の上での水連」的なものであり、訓練は実際の職場で行うのが実践的であり、より効果的であるという考え方による。集合セミナーの前半では、ボランティア学生が進行する合宿形式のワークショップを行い、サポーターと若者の交流を深め、以後のマンツーマンの伴奏型支援の土台をつくる。

　ボランティアの担当サポーター（臨床心理士、社会保険労務士、障害者自立施設職員などの専門家、専門学校やコンビニの経営者、学生など）が1人ずつ就労しようとする若者が伴奏型支援を行う。サポーターは自分のネットワークを総動員して就

労体験先を探して、できるだけ早くその現場に若者を入れる。就職が決まった後にも伴奏型支援を継続し、定着支援を行う。就職するよりことよりも、就労し続けるほうがはるかに難しいと考えるからである。

NPO法人就労支援ネットワーク静岡は、ボランティア団体として就労支援を行ってきたが、現在では、内閣府・厚生労働省のパーソナル・サポート事業と厚生労働省の地域若者サポートステーション事業の委託を受け、浜松市・静岡市・沼津市の3カ所にパーソナル・サポート・ステーションを設置している。

通常の国庫支出金と比較すると、全額国費による緊急雇用創出基金事業等では事業の内容について地方自治体の裁量の幅が広いとはいえ、個々の事業は時限的であり、つくり出されるのは一時的雇用（民間の安定雇用につくまでの「つなぎ雇用」）という枠組みを逃れられない。就職困難層のタイプに応じて社会的企業を含めて、多様な雇用の場をつくり出そうとしているが、時限的な事業でそれを安定的就労の受け皿にさせるのにはかなりの困難を伴うであろう。財源の規模やデフレ経済の下での厳しい雇用情勢、中小企業の経営困難を考慮すると、効果には限界があると思われる。国の経済政策を転換による地域における安定的雇用の拡大と自治体の就労支援策が相俟って、ワーキング・プアの増大、先進国で最も相対的貧困率（家族数を調整した可処分所得の中位値の1/2以下の世帯の割合）が高い片親世帯など、深刻な格差・貧困問題の解決の途が拓ける。

VI 「内需創造型経済」への転換と自治体の役割

1 「第二の道」(企業利益最優先) への回帰

　民主党政権の菅内閣の下で2010年6月に策定された「新成長戦略」の第1章では、新成長戦略―「強い経済」「強い財政」「強い社会保障」の実現として、「第三の道」による日本経済・社会の建て直しを提唱している。

　バブル崩壊から約20年、日本経済が低迷を続けた結果、国民はかつての自信を失い、将来への漠たる不安に委縮しているが、こうした閉塞感が続く主たる要因は、低迷する経済、拡大する財政赤字、そして信頼感が低下した社会保障であるととらえる。新内閣は、「強い経済」、「強い財政」、「強い社会保障」を一体的に実現する。うち「強い経済」の実現に向けた戦略を示したのが「新成長戦略」であり、その実行により、20年近く続く閉塞状況を打ち破り、元気な日本を復活させると高らかに宣言している。

　我が国の経済社会の呪縛となってきたのは、産業構造・社会構造の変化に合わない二つの道による政策の失敗であるととらえる。「第一の道」は公共事業中心の経済政策であり、90年代以降は従来型のインフラへの投資効率が低下してもなお、将来の成長産業を育てる明確な意思のないまま、既得権擁護のためのばら撒きを続けてきた。

「第二の道」は、行き過ぎた市場原理主義に基づき、供給サイドに偏った生産性重視の経済政策である。一企業の視点ではリストラの断行による業績回復が妥当な場合もあるが、国全体としてみれば多くの人が失業する中で国民生活は更に厳しくなり、デフレが深刻化している。生産性の向上は重要であるが、同時に需要や雇用の拡大がより一層重要であるとした。

　民主党の成長戦略の策定では、「第二の道」に沿った報告書が提出されていたことが注目される。策定を担ったのは「成長・地域戦略研究会」であり、その報告書の「Ⅲ　新しい産業革命をもたらす成長産業等」では、「1　成長産業」に続いて、「2　外需獲得」を提唱している。政策理念を「人口減少・少子高齢化に伴い国内需要が減少している中で、成長をもたらす新たな産業を軌道に載せるため、世界の成長産業である東アジアをはじめとする世界との関係を緊密にし、外需の獲得を通じて、成長を実現する」としている。こども手当の新設にみられる鳩山政権の少子化対策重視は後退して、少子高齢化と国内マーケットの縮小を前提として、東アジアを中心とする海外市場での外貨獲得に重点は移っている。

　そのための政策体系としては、①農林漁業の輸出産業化、②水・環境・エネルギー（原子力発電）・鉄道・建設業をはじめとするインフラ等の輸出、③経済連携協定（EPA）、自由貿易協定、④輸出促進の基盤整備（拠点空港とハブ空港の戦略的整備）への取り組みが掲げられた。

　最終的には需要サイドを重視する経済学者の考え方を取り入れた新成長戦略が閣議決定されたが、菅内閣、野田内閣と進むにつれて、財界の意向を重視して、成長・地域戦略研究会報告書の提唱した路線へ傾斜していった。「内需主導型」経済への転換の柱となる最低賃金の大幅引き上げ、製造業派遣の禁止などワーキングプアを生み出さないための政策は後退した。2011

Ⅵ　「内需創造型経済」への転換と自治体の役割

年秋には、ベトナムへの原子力発電施設輸出に向けての調印が行われ、インフラ輸出が具体化した。東日本大震災と円高に見舞われた新成長戦略の見直しでは、明らかに自公政権の「輸出・設備投資主導型経済」を目指す成長戦略へ回帰している。福島原発事故の原因究明が十分に行われない中での大飯原発の再稼働も、電力コスト引き上げを抑えようとする「第二の道」の政策である。

2 「第一の道」への回帰

　2012年度予算では、「第一の道」への回帰も進められた。公共事業関係費は4兆9743億円計上され、前年度当初比で8.1%の減となったが、拡大した「一括交付金」（地域自主戦略交付金）を合わせると1.5%減でほぼ横ばいとなっている。これに東日本大震災特会計上分を合わせると11.8%増となる。「事業仕分け」方式の限界から既存の事業がスクラップされずに、震災復興事業費がビルドされており、「人からコンクリート」へ政策転換が始まった。

　大規模プロジェクト予算の凍結解除（東京外郭環状道路練馬・世田谷間1237億円、八ツ場ダム56億円（生活再建対策事業49億円、本体工事準備7億円）、整備新幹線の未着工の3区間（北海道、北陸、九州の各新幹線）の着工認可にも政策転換が示されている。

　政策転換は、2012年度予算で「特別枠」とされた「日本再生重点化措置」（1兆円強）の配分に現れている。①新たなフロンティア及び新成長戦略、②教育（スポーツを含む）・雇用などの人材育成、③地域活性化（新たな沖縄振興政策を含む）、④安心・安心社会の実現が対象となる4分野とされた。「平成24年度予算のポイント」（財務省）により別の主な優先・重点

事業の事業費を集計すると、①2,799億円、②35億円、③923億円、④1,116億円、計4,873億円と①に過半が充当されており、うち幹線道路ネットワークの整備が1440億円と突出した規模になっている。成長基盤整備のため、成長インフラ、海外展開支援関連事業を重視したとしており、成長インフラでは上記の幹線道路ネットワークの整備、国際コンテナ戦略港湾の整備303億円、首都圏空港の強化が掲げられている。

「社会保障と税の一体改革」の審議期間にあたる2012年6月、自民党は民間を含め約200兆円の事業費投入を想定した「国土強靭化基本法案」を国会に提出した。第1弾として、3年間を国土強靭化集中期間として15兆円の追加投資を行う。公明党も10年間で100兆円を投じる「防災・減災ニューディール推進基本法案」をまとめている。野田首相は、「消費税引き上げ分は全額社会保障財源化し、公共事業を含めた他の目的には使用されない」と答えたが、衆議院選挙における大勝で自公政権が成立すると、「第一の道」への回帰は決定的になった。

2014年4月に実施される消費税増税に係る景気条項との関連で、2013年8月に発表される4〜6月期の実質GDPの速報値が判断の分かれ目となる。金融政策において日銀に2％の物価上昇目標の設定とさらなる大幅な金融緩和を求めるとともに、公共事業拡大による景気回復を行うという政策ミックスを指向している。また2013年夏の参議院選挙でねじれ国会を解消できるような勝利をあげるために、公共事業の集票効果に期待している。

安倍内閣は、2013年1月11日、経済対策第1弾と位置づける緊急経済対策を閣議決定した。総額20.2兆円にのぼる緊急経済対策の骨子は次の通りである。

・日本銀行に物価目標導入と積極的な金融緩和を要請
・対策実施に投じる国の予算は10兆3,000億円、地方負担

分などを加えた事業費は 20 兆 2,000 億円
・「復興・防災対策」は 3 兆 8,000 億円
・「暮らしの安心・地域活性化」は 3 兆 1,000 億円
・雇用者への給与増加を促すなどの税制改正

　対策の中心は公共事業で、国の予算 10 兆 3,000 億円の約半分にあたる 5 兆円超である。老朽化したインフラの緊急補修や学校の耐震化などに充当する。東日本大震災の復興事業や防災・減災対策なども含まれる。2012 年度補正予算と 2013 年度当初予算を組み合わせた「15 カ月予算」を編成し、新年度の公共事業を前倒しすることにしている。対策実施に投じる国費 10 兆 3,000 億円の財源は約 5 兆円の国債追加発行などで賄い、2012 年度補正予算案として、2013 年 1 月 15 日に閣議決定した。

　安倍首相の公共事業に対する積極的姿勢は、2011〜2014 年度の集中復興期間における東日本大震災の復興予算に関しても現れている。安倍首相は、2013 年 1 月 10 日に開かれた全閣僚をメンバーとする復興推進会議で、民主党が 5 年間で 19 兆円とした予算を増額する方針を表明した。根本匠復興相は、新たな復興増税は視野に入れないとしており、増額予算の新たな財源は目途が立っていない（図 3 参照）。

　しかし復興予算は実は、だぶついている。確定した 2011 年度復興予算のうち、約 6 割にあたる約 9 兆円しか使われていない。6 兆円が不使用で、うち 5 兆円が繰り越され、1 兆円は不用残として国庫に返納される（図 5 参照）。復興の目的外使用も後を絶たない。それにもかかわらず復興予算の追加を行おうとするのは、緊急対策と同様に「第一の道」による景気回復を狙っているからである。

　山梨県の中央自動車道笹子トンネルの天井板崩落事故にみられるように、高度成長期を中心に建設された膨大な社会資本が老朽化し、大規模な補修が必要になっているのは事実である。

図3 東日本大震災からの復興予算

2011年度の復興予算の使われ方 15兆円
- 国庫に返納 1兆円
- 各省庁が12年度に繰り越し 5兆円
- 不使用 6兆円
- 事業費として使用 9兆円（不適切使用が相次いで発覚）

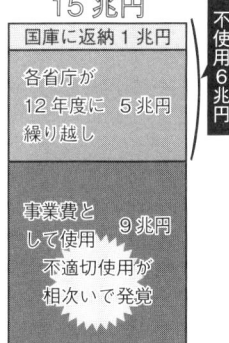

2011年度から5年間の復興予算の内訳　総額19兆円

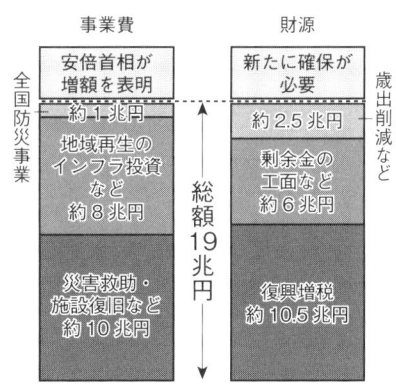

事業費
- 全国防災事業
- 安倍首相が増額を表明 約1兆円
- 地域再生のインフラ投資など 約8兆円
- 災害救助・施設復旧など 約10兆円

財源
- 新たに確保が必要 約2.5兆円
- 剰余金の工面など 約6兆円
- 復興増税 約10.5兆円
- 歳出削減など

出所：「東京新聞」2013年1月11日付、1月13日付。

　国土交通省の調べによると、建設後50年以上経過する社会資本の割合は道路橋では2009年度には約8％であるが、2019年度約25％、2029年度約51％と急速に高まる（表21参照）。上下水道管渠のように、物理的な耐用年数に達していないとしても、大型地震等には対応できない構造の社会資本も膨大にある。

　大規模災害への備えを重視しつつ大規模な更新投資を行う必要性は高まっている。公共投資そのものは否定されるべきではないが、大規模プロジェクトを中心に新設投資を行いがら、更新投資を行おうとする方式は、国債の増発と自治体の地方債依存の再上昇をもたらす。大規模プロジェクトの長期計画を見直すとともに、新規投資重視でつくられている予算制度を更新投資（十分な点検・検査費用を含む）重視に改善しなければならない。

表21　建設後50年以上経過する社会資本の割合

	2009年度	2019年度	2030年度
道路橋	約8%	約25%	約51%
河川管理施設	約11%	約25%	約51%
下水道管渠	約3%	約7%	約22%
港湾岸壁	約5%	約19%	約48%

出所：国土交通省ホームページ。

3　デフレ脱却と生活充実をもたらす「第三の道」

　民主党政権が2010年6月の新成長戦略で提唱したのは、「内需創造型経済」への転換という「第三の道」である。経済社会が抱える課題の解決が新たな需要や雇用創出のきっかけになるととらえる。持続可能な財政・社会保障制度の構築や生活の安全網（セーフティネット）の充実を図ることが、雇用を創出するとともに、国民の将来不安を払拭して貯蓄から消費への転換を促し、「内需創造」を通じて、デフレ脱却と経済成長をもたらすとする。「内需創造型経済」への転換により、医療・福祉、再生エネルギーなどの分野で安定雇用の途が拓かれる。
　日本において他の先進国に例をみない長期停滞とデフレが持続している主な理由として、次の2点があげられる。持続本の特徴は、第1に外需指向型の成長政策と恒常的な資金過剰（＝経常収支の黒字）の下で、繰り返し円高圧力がかかってきたことである。安価な製品の輸入が急増するとともに、大企業のプレッシャーによる労働法制の規制緩和（労働者派遣の対象拡大など）により賃金引下げ圧力が強まった。
　第2に、フルタイマーとパートタイマーという区別よりは、正規労働者と非正規労働者という区別の方が重要性を持ち、他の先進国では例をみないほどの賃金等の格差がみられることで

ある。雇用の急速な非正規化により、賃金引き下げ圧力が急速に強まっている。第3に企業内労働組合が、国や大企業の外需指向型政策・経営に親和的であり、製造現場の海外移転と国内雇用の非正規化という条件の下で、正規労働者のボーナスを中心とする賃金削減と多数の自殺者を生みだすような労働強化を受け入れてきた。

賃金削減により、家計収入は減少を続けている。厚生労働省の国民生活基礎調査では、2010年の1世帯当たり平均所得は1988年水準にまで下がっている。他方で、大企業は先進国で最も高い内部留保＝貯蓄（GDP比）を確保する一方で、個人消費を中心とする内需の停滞（東日本大震災からの復興需要を除く）により、投資機会が枯渇している。その結果、図1に示される通り、非金融法人部門の「構造的」（好況期にも）な資金過剰（貯蓄過剰）が日本の特徴となっている。

労働者の非正規化などにより、賃金削減→膨大な内部留保→内需不足・投資機会不足のため膨大な資金過剰→経常収支の黒字と円高→さらなる賃金削減というデフレ経済の悪循環に陥っている。円高を契機に製造現場等を海外に移転すると、貿易収支の黒字は縮小するが、海外子会社等からの配当の増加により所得収支の黒字が拡大するので、経常収支の黒字基調は続く。

民主党経験が2009年の政権マニフェストに掲げた「生活重視」の政策、2010年の新成長戦略に掲げた「内需主導型経済」への転換は、政権崩壊までにほぼ放棄されたが、デフレ脱却の道である。

こうした「第三の道」では、次の政策が柱となる。

① 労働法制の規制強化と最低賃金引き上げ等による正規労働者・非正規労働者の均等待遇、労働時間の短縮
② 福祉・教育重視型財政支出構造へのシフト。子育て支援・高齢者ケアのためのサービス給付の充実。教育への公

費投入の大幅引き上げ。
③　環境保全型エネルギー・産業構造へのシフト。

4　自治体の役割と更なる分権改革・税源移譲

　自治体が重要な役割を果たすのは前記の②である。2000年代に「小さな政府」指向、地方行財政リストラにより、自治体の福祉・教育サービスは脆弱化しつつある。団塊の世代が後期高齢者となる十数年後には、膨大な医療・介護需要が発生する。特に高度成長期に地方から大量の若年労働力が流入して成長を支えた東京圏では、特に後期高齢者の増加が激しい。家族依存による介護疲労、虐待の悲劇を避けるためには、自治体の医療・介護サービスの再生を図らねばならない。直営にこだわる必要はないが、民営とする場合には、その従事者が安心して暮らせる待遇が保障されなければならない。「官製ワーキングプア」に依存した公共サービスはサスティナビリティをもたない。

　幼保一体化施設の整備など就学前教育を含めて、教育への公費（GDP比で先進国で最も少ない）投入の大幅拡大は、教育水準の引き上げ、親の子育て費用の軽減、教育格差を通じる「貧困の連鎖」の解消にとって緊要である。

　「内需創造型経済」へ転換する上で自治体が重要な役割を果たすためには、財政レベルの分権改革を財政再建に従属した「三位一体の改革」で終わらせることなく、さらに進めることが必要である。様々な理由から分権化は世界的潮流になっている。主要先進国の分権システムには大別して2つのタイプがある（2つの分権システムについては、町田俊彦『歳入から見る自治体の姿』121～124頁を参照のこと）。一つは、アメリカ型で、地方財政調整制度がない（零細な特定補助金はある）ため、国による財源保障機能・財政調整機能は弱く、地域格差が大き

い。行政基準は州または自治体ごとに決める「競争型」・「分離型」であり、州間・自治体間の行政格差が生じる。一方、連邦制国家のドイツや単一制国家のスウェーデンでは、州・地方税を財源とする「水平方式」を含めて、財政調整制度が整備されている。アメリカと対照的に整備された財政調整制度と住民負担と行政水準の州間・自治体格差の小ささを特質とする「協調型」・「統一型」分権システムの国になっている。

地域における教育、医療、福祉などの公共サービスの弱体化と個人間・地域間の格差拡大が進行しつつある現在、住民の「生活」に視点を置くならば、目指すべきは「協調型」・「統一型」分権システムであることは明らかである。個人間・地域間の競争、自助努力を重視して、「競争型」・「分離型」分権システムを目指す分権論は、日本企業の国際競争力の向上と日本経済の再生を最優先する「市場原理主義」（「第二の道」）と親和的である。しかし個人間・地域間の拡大をもたらす政策は、内需の縮小と輸出拡大の外需主導経済を続けることによって円高を繰り返せ、より激烈な日本企業の国際競争力の低下と日本経済の衰退を結果するという最悪のシナリオである。

日本において「協調型」・「統一型」分権システムを構築する上で、最優先の政策課題は「税源移譲」と自治体参加によるナショナル・ミニマムの再生である。後者は地方財政調整制度を再生させる基礎をつくる。自治体参加によるナショナル・ミニマムの再生にとって重要なのは、地方主権改革の一環として制度化された「国と地方の協議の場」である。第一に自治体の連合体の政策形成能力を高めねばならない。現在の地方六団体は、事務局が総務省からの出向者によって占められ、重要な政策は総務省に依存している。財務省など総務省以外の省庁に自治体の要求を押し出す上では有効な一面を示すが、市町村合併の半強制的な推進など総務省による自治体コントロールに抵抗でき

ない。第二に「税源移譲」を軸に据えて、自治体財政の再生を図ることである。自治体の財源不足が続く条件の下で、「国と地方の協議」が行われると、最近の生活保護をめぐる協議のように、自治体参加がナショナル・ミニマムの引下げをもたらしてしまう。

　税制、特に直接税が収入調達力を低下させたのは、デフレと所得を拡大している高所得層、大企業の税負担を軽減したことによる。所得税では、総合課税における最高税率の大幅引下げだけではなく、分離課税の配当、証券譲渡所得に10％と著しく低い税率を適用してきた。貯蓄過剰がデフレと結びついている日本では、貯蓄率が高い高所得者の租税負担を適正化することが経済再生に寄与するのである。最も重要な政策はあらゆる個人所得を合算して「包括所得税化」（総合課税化）することであり、併せて最高税率を引き上げることが必要である。それによりさらなる税源移譲として、所得税の最低税率分（5％）の市町村住民税への移譲が可能となり、自治体が「内需主導型経済」への転換の一つの主体となる財源的基盤がつくられる（所得税の「包括所得税化」と市町村個人住民税への移譲については、町田俊彦『歳入から見る自治体の姿』140～142頁を参照のこと）。

索引

あ行

ILO（国際労働機関）94 号条約　57
赤字地方債　59

維持補修費　45
一般会計　10, 15, 20

衛生費　38

か行

隠れ地方債　59
官製ワーキングプア　57

義務的経費　41
教育費　40
求職者支援制度　89
行政評価　33
緊急経済対策　97
緊急雇用創出事業　89

国と地方の協議の場　75
繰越明許費　9, 12
繰出金　18, 32, 46, 48, 64

経常収支比率　26, 42, 59
継続費　9, 12, 14
決算カード　20, 61
健全化判断比率　15, 17

公営企業への繰り出し　45

公営企業会計　10, 11, 19
公営事業会計　11, 15
後期高齢者医療制度　65
公契約条例　57
子ども・子育て新システム　82
雇用創出基金事業　89
コンクリートから人へ　41

さ行

災害復旧事業費　43
財政健全化比率　15, 20, 24
財政健全化法　14
財政硬直化　58
財政状況等一覧表　20
財政民主主義　7
債務負担行為　13, 17
三位一体の改革　40, 60

静岡方式　92
施設型給付　85
失業対策事業費　42, 43
実質公債費比率　15, 18
社会保障・税の一体改革　74, 79
社会保障・単独事業費　77
就労支援　88
商工費　40
消費税増税分の国・地方間配分　79
消防費　40
将来負担比率　15, 17, 18, 26
職業安定法改正　88
人件費　42

新成長戦略　94

税源移譲　63
性質別歳出　41

総合こども園　84
総務費　38

た行

第一の道　96
第三の道　100

地域雇用政策　88
地方公務員　50
超過負担　80

投資的経費　27, 35, 39, 41-43, 47, 57, 60, 66, 67, 69, 76
特別会計　10, 11, 15, 26
豊中版ハローワーク　91

な行

内需創造型経済　100

日本再生重点化措置　96
認定子ども園　83

農林水産業費　39

は行

パーソナル・サポートモデル事業　90
東日本大震災に係わる復旧・復興事業等　66

扶助費　42
普通会計　11
普通建設事業費　43

物件費　43

補助費　43, 45, 48, 63

ま行

民生費　31

無料職業紹介所　91

目的別歳出　35, 38, 40, 69, 74

や行

幼保一元化　82
幼保一体化施設　83
予算原則　9
予算書　8

ら行

ラスパイレス指数　42

臨時財政特例債　59

連結実質赤字比率　16

わ行

ワークフェア　90

著者紹介

町田　俊彦　氏（まちだ　としひこ）専修大学　経済学部　教授。

経歴　1944 年生まれ。
北海道大学農学部農業経済学科卒。経済学修士（東京大学）。
現在、専修大学経済学部教授
日本における中央・地方政府の財政関係を研究、ドイツの財政再建、最近は中国の税制改革後の地域格差と財政調整などについての研究に取り組む。

著書　『平成大合併の財政学』（共著、公人社）、『地方分権と財政調整制度―改革の国際的潮流―』（東京大学出版会）、地方交付税改革と問題点』（財)地方自治総合研究所）、『世界の財政再建第 4 章』（敬文堂）、『歳入からみる自治体の姿』（イマジン出版）、『よくわかる社会保障と税制改革』（共著、イマジン出版）　他。

2冊セットで自治体予算がわかる
財政民主主義・分権の視点で「予算書」を読み解く

歳入からみる自治体の姿
―自治体財政・収入の仕組みと課題

町田 俊彦（専修大学教授）著

- ■自治体の歳入の実際から自治体の現状を浮かび上がらせるという歳入に絞った類書にないわかりやすさ。
- ■税金・交付金・補助金・使用料など歳入の仕組みを詳細解説
- ■著者が、自治の視点で「協調型」「統一型」分権システムを提案

□A5判／140頁／定価1,575円（税込）

●ご注文お問い合せは●

イマジン自治情報センター TEL.03(5227)1825／FAX.03(5227)1826
〒162-0801 東京都新宿区山吹町293 第一小久保ビル3階　http://www.imagine-j.co.jp/

歳出からみる自治体の姿
―自治体財政・支出の仕組みと課題

発行日	2013年2月5日
著 者	町田 俊彦
発行人	片岡 幸三
印刷所	株式会社シナノ
発行所	イマジン出版株式会社 ⓒ

〒112-0013　東京都文京区音羽1-5-8
電話 03-3942-2520　FAX 03-3942-2623
URL http://www.imagine-j.co.jp/

ISBN978-4-87299-628-9　C2031　¥1200E

お買い上げいただきましてありがとうございます。
万一、落丁・乱丁の場合は当社にてお取り換えいたします。